创新创业教育译丛

杨晓慧 王占仁 主编

创业教育：
美国、英国和芬兰的论争

〔芬兰〕克里斯汀娜·埃尔基莱 著

汪　溢 常飒飒 译
王占仁 武晓哲 校

创于1897　商务印书馆
The Commercial Press

2017年·北京

中译丛书序言

    高校深入开展创新创业教育对于提高高等教育质量、促进学生全面发展、推动毕业生就业创业、服务创新型国家建设发挥了重要作用。高校创新创业教育的基本定位是培养创新创业型人才,造就"大众创业、万众创新"的生力军。为了切实提高创新创业型人才培养质量,就要把创新创业教育真正融入高校人才培养全过程,以培养创新创业型人才为核心目标,以把握创新创业型人才成长规律为基本依据,以创新创业型人才培养质量为主要评价标准,在创新创业型人才培养视域下规划和推进高校创新创业教育。

    培养创新创业型人才是国家实施创新驱动发展战略、促进经济提质增效升级的迫切需要。在创新型国家建设的新形势下,国家对创新创业教育有了新的期待,希望创新创业教育能够培养冲击传统经济结构、带动经济结构调整的人才,这样的人才就是大批的创新创业型人才,以此来支撑从"人力资源大国"到"人力资源强国"的跨越。

    培养创新创业型人才是世界高等教育发展的必然趋势。创新驱动的实质是人才驱动,国家需要的创新创业型人才,主要依靠高等教育来培养。但现有的高等教育体制机制还不足以满足创新型人才培养的需要,必须要进行深入改革。这种改革不是局部调整,而是系统革新。这恰好需要高校创新创业教育先行先试,发挥示范引领作用,以带动高等教育的整体转型。

    培养创新创业型人才是高校创新创业教育当前所处历史方位的必然要求。我们要清醒地认识到高校创新创业教育当前所处的发展阶段,以及将来能够发挥什么作用。当前,高校创新创业教育已经在大胆尝试和创新中完成了从无到有的初级目标，关于未来发展就是要看它能为对它有所期待、有所需要的国家、社会、高等教育和广大学生创造何种新价值。国内外创业教育的实践都充分表明，高校创业教育的核心价值是提升人们的创新意识、创业精神和创业能力，即培养创新创业型人才。这是高校创新创业教育能够有所作为并且必须有所作为的关键之处。

在我国深化高等学校创新创业教育改革的同时，世界范围内的很多国家也在大力发展创新创业教育。这其中有创新创业教育起步较早的国家和地区，已经形成了"早发内生型"的创新创业教育模式，如美国的创新创业教育。也有起步较晚的国家和地区，形成的"后发外生型"的创新创业教育模式也值得学习和借鉴，如欧盟的创新创业教育。因此，我们需要从中国创新创业教育的发展逻辑和迫切需要出发，进行国际比较研究。创新创业教育的国际比较面临着夯实理论基础、创新研究范式、整合研究力量等艰巨任务，其中一个非常重要的前提性、基础性的工作就是加强学术资源开发，特别是要拥有世界上创新创业教育相关理论和实践的第一手资料，这就需要开展深入细致的文献翻译工作。目前围绕国外创新创业教育理论及实践，学界虽不乏翻译力作，但成规模、成系统的译丛还不多见，难以满足创新创业教育的长远发展需要。

正是从创新创业教育的时代背景和学科立场出发，我们精选国外创新创业教育相关领域具有权威性、代表性、前沿性的力作，推出了具有很高研究价值与应用价值的系列翻译作品——《创新创业教育译丛》（以下简称"译丛"）。译丛主要面向创新创业教育领域的研究者，帮助其开阔研究视野，了解全世界创新创业教育的发展现状；面向教育主管部门的决策者、中小学及高校从事创新创业教育的工作者，帮助其丰富教育方法，实现理论认知水平与教育水平的双重提升；面向创新创业教育专业及其他专业的本科生与研究生，在学习内容和学习方法上为其提供导向性支持，使之具备更广阔的专业视角和更完善的知识结构，从而为自我创业打下坚实的基础并能应对不断出现的种种挑战。

　　基于以上考虑，译丛的定位是体现权威性、代表性和前沿性。权威性体现在译丛选取与我国创新创业教育相关性大、国际学术界反响好的学术著作进行译介。既有国外相关领域知名专家学者的扛鼎力作，也有创业经历丰富、观点新颖的学术新秀的代表性著作。代表性体现在译丛选取了在全球创新创业教育领域位居前列的美国、芬兰、英国、澳大利亚和新加坡等国家，着重介绍了创新创业教育在各国的教学理念、教育模式、发展现状，有力展现了创新创业教育理论研究与实践探索的最新现实状况及前沿发展趋势。前沿性体现在译丛主体选取了自 2000 年以来的研究专著，确保入选书目是国外最新的研究力作。在研究主题上，入选书目聚焦了近年来学界集中关注的热点难点问题，紧扣我国创新创业教育发展的重大问题，把握国外创新创业教育理论与实践的最新动态，为深化创新创业教育改革提供前沿性理论支撑和实践引导。

　　译丛精选了十二本专著，计划分批翻译出版，将陆续与广大读者见面。它们分别是《本科生创业教育》、《研究生创业教育》、《创业教育与培训》、《创业教育：美国、英国和芬兰的论争》、《创新与创业教育》、《创业教育评价》、《国际创业教育》、《广谱式创业生态系统发展》、《广谱式创业教育》、《创业教育研究（卷一）》、《创业教育研究（卷二）》和《创业教育研究（卷三）》。

　　译丛坚持"以我为主、学习借鉴、交流对话"的基本原则，旨在丰富我国创新创业教育在国外译著、理论研究与实践探索等方面的学术资源，实现译著系列在学科定位、理论旨趣以及国别覆盖上的多重创新，为推动学术交流和深度对话提供有力支撑。

杨晓慧

2015 年 12 月 25 日

谨以此书献给我的祖母莉莉娅·库尔帕（Lilja Kurppa）。她一直激励我不断进行研究。祖母的言传身教及她身上那份卡累利阿人①特有的坚韧是激励我在科研的道路上不断前行的强大动力。

----

　　①　卡累利阿人（Karelians），俄罗斯少数民族，约有 14.5 万人，聚集在卡累利阿自治共和国、加里宁、诺夫哥罗德、列宁格勒、雅罗斯拉夫等地，属欧罗巴人种白海类型。他们使用的是卡累利阿语，其中很多人通用俄罗斯语，信东正教。

目　　录

图

表

卷首语

　　本书解决了芬兰民众对创业教育普遍缺乏了解的问题。过去,我经常对一些与创业教育有关的问题感到困惑,如什么是创业教育？它从何而来？它涉及哪些教育领域的概念？这一领域的知识在我的脑海中曾经是一条"灰色的贫瘠地带"。然而,经过一番努力,我终于在这片"灰色地带"中发现了一抹缤纷的"色彩"并最终完成此书。在研究开展初期,我曾因自己的无知感到焦虑。但随即我发现还有很多人也持有同样的困惑,其中甚至还包括一些创业教育领域的专家。

　　20 世纪 90 年代初,芬兰民众努力试图摆脱严重的经济衰退。与此同时,他们还要不断积极应对劳动力市场结构性变化带来的种种问题。长久以来,芬兰政府和民众一直没有正视创业的价值。而在芬兰新的政治和经济形势下,创业却成为芬兰生存乃至发展的关键所在。毫无疑问,芬兰的教育实践已经借鉴了创业的理念。当时,芬兰教育系统正在进行如火如荼的改革,提倡创业与教育改革正好不谋而合。在过去,芬兰教育管理体制采用的是中央集权制的管理模式。在改革的大力推动下,中央逐渐将权力不断下放,地方在很大程度上开始拥有决策权并肩负起各种职责。当时在芬兰,全新的理念不断涌现,一些能够帮助学校进行角色定位并能使其与不断变化的社会接轨的思想尤其受到民众的普遍欢迎。总之,提倡创业教育的理念与当时教育界发生的结构性变革非常契合。芬兰经常从国外借鉴新思想和新理念,其中大部分都来自英国和美国。但是,芬兰有时忽视了自己的具体国情,盲目地去践行这些新理念,而随之带来的一系列问题就构成了我之前提到过的"灰色地带"。本书的目的就在于要澄清这些问题,并给这片"灰色地带"带来一丝缤纷的"色彩"。

　　我非常熟悉"做中学"的教学理念。在从事创业教育工作期间，我不断积极探索，一直秉承的也正是这一理念。事实上，探索和实践可以激发人们的进取心，而在探索中学得的知识往往会对人们此后的行动意识产生深远的影响。虽然我并没有从事商科教学，但在从教期间我践行过很多与创业教育颇为相似的理念。一直以来，令我感到困扰的一个现象是教育培养不能满足社会人才的需求。因此，在开始寻找新的研究课题时，我发现创业教育与自己秉持的理念非常契合，并随即对它产生了极大的研究兴趣。

　　当然，对于这一课题我仍存有顾虑，因为创业教育即便没有和传统教育完全对立，也至少存在很大程度的背离。不过，在查阅了大量相关文献后，我还是决定首先对英、美创业教育的发展历程展开研究。我发现将芬兰新近盛行的教学方法和英、美两国曾使用的教学方法进行对比是一项意义非凡的研究。同时，在美国学习的经历又为我提供了非常好的机会，可以让自己从另外一个视角去观察芬兰存在的问题。身在美国让我切身感受到美国是如何开展创业教育的。这些经历对我的思考和研究都非常有帮助。

　　为了获得博士学位，我在美国学习了四年。之后，我返回芬兰，迄今已在国内度过了一个冬季。期间，我对自己研究的价值有了更深刻的认识。本项研究对我个人产生了深远的影响。因此，我希望它不仅能为芬兰本土做出贡献，也同样能给处于创业型社会转型期的国家带来一些启示。

致　谢

　　在这里，我想向很多给予我无私帮助的朋友和组织机构表示感谢，是你们我让有机会在美国体验一段特别教育经历。在美国这样一个充满挑战与智慧的新环境里，我检验并扩充了自己的学识，取得的收获远远超过了我之前的预期。首先，我要感谢匹兹堡大学（University of Pittsburgh）所有与我一起工作过的朋友们。尤其要感谢我的导师罗兰·保罗斯通（Rolland Paulston）博士，在他的敦促下我开展了许多超出预想的研究工作。导师曾在芬兰生活过一段时间，我想他一定知道"Sisu"（能穿透灰石的坚强意念）这个芬兰词汇的意思，他一直坚信我会有所进步并将取得最后的成功。我非常荣幸能够成为他的学生，并有幸参与他主持的社会地图学项目。另外，我还要感谢论文答辩委员会的其他评审老师：戴维·尚帕涅（David Champagne）、辛迪·扬纳雷利（Cindy Iannarelli）和莫琳·麦克卢尔（Maureen McClure）。他们为我的论文提出了很多宝贵建议和有益指正。我从这些教授身上学到了很多论文的写作技巧以及为人处世的哲学。

　　本研究梳理了美国、英国和芬兰的创业教育文献。在此，我要特别感谢这三个国家中帮助过我的朋友们。在他们的帮助下，我提升了对创业教育政策和实践的理解。另外，我还要感谢芬兰经济信息局（Economic Information Bureau）教育主管图奥莫·莱赫德涅米（Tuomo Lähdeniemi）。他赋予我开展这样一个研究课题的灵感，并在研究期间给我提供了很多支持和帮助。维萨·胡斯科恩（Visa Huuskonen）博士是我的一位朋友，他非常支持我着手的研究。在此，除了要感谢他愿意成为我智囊团的一员外，还要感谢他为我的研究提供了资金支持。与他进行的探讨在很大程度上帮助我明确了自己在芬兰学术论争中的立场。同时,他的研究加深了我对创业研究理论的理解,给予我很大的启示。同样,我还要感谢图尔库经济和工商管理学院(Turku School of Economics and Business Administration)商务研究中心主任安蒂·帕西奥(Antti Paasio)博士,他切实地帮助我推进了研究工作的进程。此外,我还要感谢英国华威大学(University of Warwick)的杰克·普费弗(Jack Pfeffers)先生,他非常慷慨地与我分享了他在类似课题上取得的研究成果。当然,我还要感谢另外一些朋友,美国宾夕法尼亚西南部创业教育网(Southwestern Pennsylvania Entrepreneurship Education Network,简称为 SPEENET)的领导们,他们帮助我时刻掌握创业教育领域的最新动态。我还要感谢俄亥俄州立大学(Ohio State University)的凯西·阿什莫尔(Cathy Ashmore)博士,她与我分享了一些非常有价值的见解和经验。

另外,我还要感谢那些以各种方式为我的调查研究提供过支持的组织,包括富布莱特基金会(Fulbright Foundation)、经济教育基金会(Foundation for Economic Education)、芬兰孔科尔迪亚基金会(Finnish Konkordia Foundation)、芬兰小企业基金会(Small Enterprise Foundation in Finland)、保罗基金会(Paulo Foundation)、艾拉和乔治·埃恩诺斯基金会(Ella and Georg Ehrnrooth's Foundation)以及芬兰文化基金会(Finnish Cultural Foundation)。同时,我要特别感谢美国的考夫曼基金会(Kauffman Foundation),它为我提供了相关的研究材料。

最后,我要感谢我芬兰的家人和朋友们,以及在匹兹堡大学研究期间结识的所有国际友人与同事,感谢他们对我研究的大力支持。

第一章　内容简介

很明显,在过去的二十年中,创业活动形成了一股汹涌的浪潮。这股浪潮从萌芽到发展,最终席卷了整个工业化社会,创业活动比比皆是。如今,创业的概念为教育实践提供了很多重要理念,很多院校都开展了大量创业教育活动。虽然各国对开展的活动持有不同理解,但其主旨都是希望通过教育活动激发本国学生的想象力和主动性,让其更具创新意识。鉴于目前没有一个既定概念可以涵盖与创业相关的所有话语(discourse),为了研究需要,我将这类活动统称为创业教育。使用该术语可以让我们在不同国家背景下拥有共同的话语形式。

通过探讨美国、英国和芬兰创业教育文本的学术论争,本研究旨在解决人们对创业教育缺乏理解的问题。在研究中,我将分别探讨在"K—12教育"①(K-12 education)和"综合中学"②(comprehensive school)阶段进行创业教育的相关文本。除了探讨创业教育这一有争议性的话题外,在进行各国教育论争对比时,我还将对社会地图学③(social cartography)这个最新的研究方法(Paulston,1996b)进行效用评估。

从创业教育的发展史来看,美国和英国的创业教育活动一直处于世界领先地位。在美国,人们把创业教育称为"entrepreneurship education"。

---

① K—12 教育是美国基础教育的统称。"K"代表 Kindergarten(幼儿园),"12"代表 12 年级。"K—12"是指从幼儿园到 12 年级的教育,因此此也国际上用作对基础教育阶段的通称。

② 综合中学最早出现在美国,是一种打破分轨式教育模式,把不同能力、知识水平的学生集中到同一种学校上学的中学。它兼具学术性教育和职业教育两种职能。

③ 社会地图学是比较教育工作者经常使用的一种研究方法。该方法通过制作认知地图的方式来阐述研究发现以及显示知识之间的联系。

美国已经大范围地推广创业教育多年，并尝试采用了多种不同的教育模式。在英国，人们把创业教育称为"enterprise education"。很多公共及私人组织都大力支持创业教育，并在 20 世纪 80 年代开展了很多创业教育项目（Gibb，1993，第 11—12 页）。

在 20 世纪 80 年代，我的祖国芬兰的经济曾一度蓬勃发展。然而从1991 年起，芬兰的经济开始进入衰退期。当时，苏联（USSR）发生了政治和经济剧变，因此它缩减了从芬兰进口商品的数量，而其他国家也同时减少了从芬兰进口纸制和林业产品的数量。这些都造成芬兰国内大量企业倒闭，失业率激增。以上种种原因促使人们开始把目光投向创业，并把它视作一剂重振社会经济的良药（International Trade Statistics Yearbook，1992，1993，第 1110 页）。在创业教育上，芬兰效仿的是 20世纪 80 年代英格兰东北部采用过的探索模式。因此，芬兰和英国一样，也把创业教育称为"enterprise education"。当时，英格兰东北部地区从事传统行业的企业大规模倒闭，失业率随之大幅度提升。芬兰也发生着类似的社会变化，教育领域也同时发生巨变。芬兰开始着手进行创业教育试点项目（Enterprise Education Pilot Projects），大多数项目遵循的是英国的教育模式。1993 年秋，芬兰国家教育委员会（National Board of Education）在全国七所代表不同类型的学校中开展了创业教育试点项目。如今，芬兰教育部门试图在全国范围内推广这些项目及创业教育理念。

对芬兰而言，开展创业教育具有极大的价值。事实上，创业教育对当今每个人的生存都是不可或缺的。它可以帮助人们应对不断变化的经济及劳动力市场需求。另外，从长远的眼光来看，养育孩子并引导其去考虑从商和创业将对一个社区、地区、国家乃至整个世界经济产生深远的影响。然而，作为一名研究者，为了更好地了解和评估创业教育，我必须要对创业教育及其源头进行结构性及问题化的研究。本研究不会将任何创业教育的理论或观点当作权威之见，并且也会对那些已有观点保持批判的态度。另外，我还将介绍一些很少受到关注和探讨的视角。不可否认,我在学术和专业方面所接受的训练属于传统实用主义的类型。因此在进行主观性和解释性研究时,如何应对语言具有的敏感性和复杂性对我来说是一个巨大的挑战。

作为一名芬兰学者,我进行本研究的初衷是希望能够促进芬兰创业教育的发展。我将对比两个成熟的创业教育体系(美国和英国)和一个尚未成型的新型创业文化体系(芬兰),这将有助于芬兰乃至其他国家的决策者和执教者了解创业教育的具体情况,从而帮助其在创业教育方面做出更明智的决策。作为一名国际比较教育领域的研究者,我非常荣幸可以参加匹兹堡大学(University of Pittsburgh)极具前瞻性的"社会地图学项目"(Social Cartography Project)。社会地图学方法已经被证实非常适用于社会学研究领域。本研究旨在为这一方法的发展提供一个全新视角。

研究框架

本书和传统的论文格式有所不同,因此有必要首先介绍本书的研究框架。第一章简要介绍研究主题。第二章在研究框架的基础上介绍本研究的现状,包括研究的理论基础、研究的必要性及意义。此外,第二章还介绍了本研究的研究问题、研究范围及局限性。本研究没有将文献综述单独列为一章。这是因为本研究采用的是文本分析的研究方法,因此,我将在描述整个研究过程的同时逐步对相关文献进行梳理。为提供研究背景,本研究会尽量提供详尽的文献综述。创业教育是一个极为复杂的概念,目前人们对其概念的界定尚未达成共识。不过,创业教育的概念源自创业活动的不同方面,值得人们去长期探讨。另外,本研究将探讨创业教育的操作术语。通过对比各国的学术论争,本研究将评估社会地图学方法的有效性。第三章探讨的是研究方法和数据处理,主要描述的是本研究使用的研究方法并介绍前人使用这些方法的研究案例。这一章分别介绍对比分析法、话语分析法、论据分析法和社会地图学方法,并同时介绍本研究是如何运用这些研究方法的。样本和数据收集及各国话语特殊性的问题将在这里得到全面的解释。第四、五、六章分别介绍了美国、英国和芬兰三个国家的创业教育情况。我会首先介绍这三个国家的背景，并以此作为研究背景的文献综述。在此基础上，我将根据研究框架回答三个研究问题。第四、五、六章也将分别探讨三个国家对创业教育概念的建构并通过制图来描述学术论争中涉及的论据。在每一章中，我都会对该国进行案例分析，并提供参考文献的列表及话语图示。另外，在每章的结尾部分，我都会对该章进行总结。第七章对各国案例的异同点进行了对比和分析，并提供研究结果的直观图示。第八章对本研究进行最终的总结，并探讨研究的启示及对今后实践和研究的建议。

第二章 研究现状

一、理论基础

目前,世界各国都十分重视创业活动。和过去相比,现在和创业教育相关的话语争议性更强,但也更合时宜。在过去二十年里,一些国家早已将创业看成是解决工业化社会中不同经济难题的答案。早在 20 世纪 90 年代初,芬兰的决策者就开始寻找解决本国经济问题的办法。他们发现培养民众的创业精神或许会有效,而这也正是当时国际社会中的主流思想。芬兰当时要努力实现的目标是:"培养五万新型创业大军"。芬兰是个传统的民主国家,人口约有五百万。长期以来,创业活动一直未得到真正的重视,其价值也一直被低估。在这种背景下,想要培养芬兰民众的创业精神就需要政府给予强大的推动力。有些人认为,要想取得成功绝不能忽视教育的力量。1993 年,芬兰教育部门参照英国的教育政策并采纳国际上流行的教育模式,开始在学校大力推广创业教育理念并开展创业教育试点项目。当时,芬兰经历了严重的经济衰退,国内经济形势萎靡不振。因此,大多数芬兰民众非常支持开展创业教育,并将其视为可以治愈本国经济顽疾的一剂良药。然而,创业教育提倡的是商业价值。当教育者在学校传播这种理念时,评论家们对此提出了诸多批判,并由此引发了公众的担忧。同时,创业教育反对者认为,创业教育对教育公平和社会正义具有潜在的威胁。此外,由于对创业教育尚缺乏了解,人们开始广泛关注那些与创业教育直接相关的问题,如创业教育的本质、理论背景、倡导者及其倡导的理据等。当然,同倡导培养创业精神、进行创业教育的主流观点相比，反对者的声音还是微乎其微的。尽管对创业教育的意义和结果不甚明了，大多数芬兰民众还是选择支持开展创业教育。不过，随着创业教育的逐步推进，人们对它的争议之声也变得越发明显。最终在 1996 年秋，为了探讨创业教育在社会中的重要意义，一些创业教育倡导者组织了一次为期一天的研讨会，与会人员主要是芬兰国会中的政界和商界领袖。此前不久，在一次针对商业领袖的调查中，受访者表示他们担心芬兰决策者对创业教育不够了解，缺乏洞察力且经验不足。本次会议的主要议题就是要探讨在对商业领袖调查中得出的发现。该研讨会提倡要厘清创业教育概念，并从多角度看待创业教育这个问题。另外，研讨会还认为有必要增进全体民众对创业教育的了解，应该在全国范围内提倡创业精神以转变过去倡导的平等主义文化，并把加大创业力度认定为芬兰要努力实现的奋斗目标。制定教育政策的政府官员被视为是可以带来变化的关键人物。他们需要做到："让师生在教育的过程中更好地了解创业的重要性，并将创业能力培养列入教学大纲"（Vuoria，1996，第 2 页）。事实上，芬兰当时推行创业教育正合时宜，因为它恰恰与学校改革倡导的教育政策制定权利下放不谋而合。

　　世界上其他国家也围绕创业教育展开了内容丰富的学术论争。在 20 世纪 90 年代初，龙施塔特、佩拉斯卡和韦尔什（Ronstadt，Plaschka and Welsh，1990）就认为创业教育是个富有争议的话题。事实上，人们早在 20 世纪 80 年代就曾对创业教育进行过激烈的探讨。当时出版了一大批学术著作来解释创业教育的构成以及学者们的各种立场。一般来讲，这些文本都是从某一视角出发对创业教育展开研究，如探讨效率需求或担忧社会公平等。然而，在当今这个变化莫测、纷繁复杂的世界中，有些人认为这种单一视角的探讨，就其深度上看还是比较有限的。麦克卢尔（McClure，1990）曾对社会科学家提出挑战，希望他们能够设法让人们更好地理解教育和经济之间的关系。她指出传统的社会科学是有问题的，它本身结构带有不确定性，并且不能同时给出多种合理的解释。麦克卢尔认为应该采取多种视角来探讨改革计划的实际实施过程，这样开放性的态度有助于我们搭建起华丽辞藻与客观现实之间的桥梁（McClure，1990，第 535 页）。

　　一般来说，人们对创业教育的解析会因国家和地区的不同而有所差别。英国创业教育领域中的知名学者吉布（Gibb，1993）指出，创业活动的目的和使用的术语存在着很大差异，因此，在创业教育领域进行对比研究是非常复杂的。吉布提到，杜伦大学商学院（Durham University Business School）在 1989 年代表欧共体（European Community，简称为 EC）做过一次调查。调查表明欧盟成员国在地方、地区乃至国家层面都开展了丰富的创业教育活动。同年，经济合作与发展组织（Organization for Economic Co-operation and Development，简称为 OECD）做了另一项调查，该调查涉及更多国家并得出了相似的结论。此次调查进一步表明，创业活动的目的和使用术语上的差异不利于将这些活动进行分类（Gibb，1993，第 11—12 页）。在由经济合作与发展组织出版的《创业文化》（*Towards an Enterprising Culture*，1989）一书中，科林·鲍尔（Colin Ball）指出人们常常对创业教育有所误解。他认为，创业学习不仅意味着要学习关于创业的知识，而且还需要经由创业进行学习，并要学习如何进行创业（Ball，1989，第 28 页）。

　　人们在创业教育领域使用的术语及探讨的内容尚未达成一致。这种理解上的缺失引发了人们极大的困惑，甚至误导人们在错误的道路上越走越远。另外，知识的匮乏也让人们对创业教育的内涵产生了消极的理解。创业教育是一个正处在发展中的学科，我们仍需继续对其进行概念界定和理论建构。历史学家罗伯特·洛克（Robert R. Locke，1991）对这种情况做出了解释。他认为因时间和地点不同，创业会具有不同的形式，创业同教育的关系也因历史及地域因素的不同而有所差别。洛克认为这种变化是复杂的，而造成这种复杂性的原因有两个：首先，教育文化传统和经济技术条件会影响教育与创业之间的关系；其次，生活在某一特定时代的民众，包括我们自己在内，缺乏对二者关系的充分认识（Locke，1993，第 55 页）。因此，想要在创业教育领域进行开放和明晰的话语探讨,我们必须首先要对一些概念加以界定。事实上,吉布曾对一些英国创业教育领域的评论家提出过质疑。他认为总体上来讲,他们没能用切实可行的方法阐明或界定创业文化概念,没能厘清创业文化与教育、培训之间的关系,也没有阐明创业教育概念与小企业及创业之间的联系(Gibb, 1993,第 25—26 页)。

有些研究者尝试在世界范围内传播"建立校企伙伴关系"的创业教育理念。经济合作与发展组织(OECD)出版了一本赫什(Hirsch,1992)的著作。该书论述了校企伙伴关系的问题,并介绍了 24 个来自不同成员国的案例。国际合作伙伴网络(International Partnership Network,简称为 IPN)是一个服务组织,其职责是帮助世界各国在教育、商业和社区等领域结成伙伴关系,以促进他们在信息资料、实践经验和科学研究等方面的交流和共享(IPN,1994)。

本研究的必要性和重要性主要在于它的实用性,同时它也有助于厘清创业教育的相关概念。正如前文所讲,美国、英国和芬兰的政策制定者及普通民众对创业教育仍然缺乏了解或存有困惑。很明显,人们需要更好地了解这一现象所涉及的概念和基本原理。这些信息对创业教育政策的制定者来讲非常有必要,对于那些决心在世界范围内大力推广创业精神的研究者来讲也同样意义深远。一直以来,美国和英国都是创业教育领域的领军国家,而芬兰作为后起之秀也成绩斐然。本研究旨在对这三个国家开展国际范畴的对比研究,这将有助于创业教育的理论建构和概念梳理。总体来讲,本研究将遵循以下原则:从多视角寻找答案并力求避免文献搜集的片面性。另外,鉴于洛克提出语境具有重要意义,我还将介绍每个国家的案例背景来说明当时文本撰写时的语境。

二、问题陈述

通过对美国、英国和芬兰的文本立场的对比,本研究旨在深入了解创业教育现象。本研究尝试对所探讨的文本论据(argument)进行分类,这与以往那些仅从某一个角度为切入点来探讨创业教育的研究有所不同。

本书不是要解决创业教育组织方式的问题,而是试图在文本话语(textual discourses)中找出研究创业教育的方法,将其进行对比分析并探索如何将这些方法进行分类或加以模式化,从而能够进一步加深人们对该问题的理解。

创业教育既被视作是一种教育现象,同时也被视作是一种社会现象。为了从多重视角厘清这一概念,本书尽量拓宽了研究视域。首先,本书将一些核心概念的定义问题化,从定义的标准和目的入手,选取并描述了一些有争议的概念和观点。通过研究支持者或反对者的观点,以及创业教育对社会及个体的意义,本书将从多个维度对创业教育展开分析。基于自己此前的研究和文献梳理,我选择了多个探讨维度,从而能够帮助我精准地找出与研究问题相关的各种论据。从不同的研究维度出发,本书尝试建立一个能够探讨各种观点的话语空间。在进行对比分析之前,本书将探讨各国历史、文化和社会方面的诸多差异,并探究创业在这三个国家过去和现在所起的作用。这些可以为之后的对比研究提供充分的研究依据。

综上所述,本书理论基础部分的文献综述揭示了一个重要问题:人们对创业教育的界定含混不清。因此,在对三个国家的文本进行对比时,有必要首先对比各国提出的创业教育概念。为了能够更好地了解创业教育,本书将重点要对比三种语境下创业教育理论基础的异同点进行对比。另外,本书还要找到一种适合的方法来描述研究结果。为了能够让读者明确本书的研究目的,我列出以下三个研究问题。

三、研究问题

(一)美国、英国和芬兰是如何界定创业教育概念的?

(二)美国、英国和芬兰创业教育的基本原理有何不同?

(三)如何利用图示将这三个国家对创业教育所持观点制成文献论争的互文空间(intertextual space)?

四、研究范围及局限

下面，我将介绍本书的四个主要研究范围和两个研究局限。另外，第三章将详尽探讨研究方法及数据处理的局限性。

首先，从地域上看，我选择的文本主要来自美国、英国和芬兰。我的祖国芬兰虽然在创业教育领域刚刚起步，但正呈现出飞速发展的态势。美、英两国率先在本国大范围地推行了创业教育，是当之无愧的创业教育领军国家，但二者所采用的教学模式却有很大的差别。其次，与英格兰和威尔士相比，苏格兰和北爱尔兰进行的是截然不同的教育改革，所以本书不会涉及后两个地区的文本。再次，本书的研究重点是正规教育，主要针对的是与基础教育（K-12 education）和综合中学教育体系相关的文本。所以，本书不会探讨培训项目、见习项目以及成人教育等领域的文献，也没有涉及特定领域的商业教育和创业教育文献。另外，创业教育源于高等教育，所以我也会选取一些和本书主题相关的高等教育文献。最后，本书的数据仅限于文本形式。之所以只使用文本作为论据是因为：文本形式的论据是一种经过深思熟虑的话语表现形式。戈特利布（Gottlieb）引用了赖斯（Reiss）的精辟观点：话语是一种"可见、可描述的思想行为。"（Gottlieb，1989，第 132 页）。关于话语分析方法，我将在研究方法部分进行详细的论述。另外，由于资源有限，而且这是我为获得博士学位独立进行的研究，所以在开展三个国家的对比研究时采用文本分析方法也是比较切实可行的。本书旨在要把人们对创业教育持有的观点进行分类，并尝试给所有读者提供一种工具，帮助其在创业教育话语的"海洋"中找到"航向"。

从研究局限性上看，本书最大的局限是不能涵盖所有支持或反对创业教育的论据，而话语对比图也不能涵盖所有人的观点和论据。事实上，三个国家的社会情况存在很大差异，很难做到将人们对创业教育持有的全部观点囊括进来。因此，本书只能将一些重要文献中的主要观点提取出来，并加以归类和总结。另外，本书还存在第二个局限。本书要对三个工业化程度极高的资本主义国家进行对比,而且每个国家都有其特殊的历史、经济和社会背景。因此,我需要借助各国的背景得出结论。同时,本研究的发现及其直观图示都是基于我个人对文本的主观理解。所以,从文本类别划分上看,这些图示仅代表我个人的观点。

五、术语界定

在本小节,我将会介绍本书涉及的主要术语。第一个术语需要明确的术语就是"创业"。布洛克和斯顿夫(Block and Stumpf,1992,第 18 页)认为,创业教育研究必须要在创业研究的基础上展开。芬兰研究者马尔贝格(Mahlberg,1995)认为,创业教育研究不能仅从教育角度,还应从经济角度展开。她认为创业教育源于人们对创业活动的研究,因为创业活动研究的关注点是成功创业者的行为方式,而不是他们取得的成功(Mahlberg,1995,第 2—3 页)。另外,本书将详述在芬兰背景下对创业进行概念界定所遇到的各种困难。本章还会界定创业教育的概念。为了让读者更加了解本书所要阐述的问题,本小节会简要探讨英语中两个指代创业教育的语境术语:"entrepreneurship education"(美国用语)和"enterprise education"(英国用语)。为了不造成概念上的混乱,本研究有时会使用"entrepreneurial education"作为指代"创业教育"一词的统一操作术语。

(一)创业

在探讨创业这一颇有争议性的话题前,我们首先要明确的问题是:接受创业教育是否有助于人们进行创业。

1. 接受创业教育是否有助于人们进行创业?

韦斯珀(Vesper,1990)调查了一些美国商科院校的教授。93%的受访者认为这一问题的答案是肯定的。拜格雷夫(Bygrave,1994)、塞克斯顿和鲍曼·厄普顿(Sexton and Bowman Upton,1987)也认为创业是可以通过学习实现的。海因斯(Hynes,1996)对一些研究进行了归纳和总结。他认为人们可以通过文化及经验来学习创业。因此,教育和培训能够影响创业能力的培养。麦克马伦和朗(McMullan and Long,1987)也认为创业是可以被教授的,但是需要改进教学方法,这样才能更好地体现出整体教学法以及创业者的作用。同样,吉布(Gibb,1993)指出:"只有那些使用创业方法的项目才能被真正称为创业项目。"但他也认为"从某种程度来讲,每个学生都拥有一些待开发的创业潜质"(Gibb,1993,第15 页)。

就本研究的目的而言,我相信创业是可以被教授的。同时,我还认为人们在学习的过程中要根据创业学习的不同方面来变换不同的学习方法。但本研究不会仔细探讨如何才能实现各种学习结果的问题。

2. 现有的创业概念界定

目前,人们对创业的概念界定还非常混乱。据文献记载,创业一词最初常出现在与"动机理论"(theories of motivation)相关的文献中。奥贾拉和彼赫卡拉(Ojala and Pihkala,1994)列举了最常见的适用于创业的动机理论,包括马斯洛(Maslow)的"需求层次理论"(the need hierarchy theory)、赫茨伯格(Herzerberg)的"双因素激励理论"(the theory on conditions and motivations)、弗洛姆(Vroom)的"期望理论"(the expectancy theory)和道格拉斯·麦格雷戈(D. M. McGregor)的"人类动机 X 和 Y 理论"[①](the X and Y theories of human motivation)。上述理论都在与领导力培训、人的主动性和动机研究的相关文献中被大量引用。这些理论对创业理论的贡献就在于有助于从中提炼出创业的概念。不过在此,我不会详细探讨这些理论。创业的理论构建来源于经济学、社会学、心理学等学科,也来自于创业领域的践行者们。很多创业理论的领军人物都来自美国,而创业理论学者则大多出自哈佛大学商学院(Harvard

---

① "人类动机 X 和 Y 理论"是管理学中关于人们工作源动力的理论。该理论是由美国心理学家道格拉斯·麦格雷戈(Douglas McGregor)在 1960 年其所著的《企业中人的方面》一书中提出来的。这是一对基于两种完全相反假设的理论,X 理论认为人们有消极的工作源动力,而 Y 理论则认为人们有积极的工作源动力。

University Graduate School of Business Administration)和百森商学院（Babson College）。从传统意义上来讲,芬兰对创业定义的界定还比较狭隘。但芬兰学者们也尝试过重新界定与创业相关的概念,包括创业（entrepreneurship）及内部创业（intrapreneurship）,即企业内部创业（McMullan and Long,1990；Pinchot,1985；Ronstadt et al.,1990）或内部创业（internal entrepreneurship）（Koiranen and Peltonen,1995；Koiranen and Pohjansaari,1994）,而内部创业概念可以用来界定具有创业精神的个体。稍后,本章会详细描述芬兰对这些概念的具体界定。接下来,我会探讨不同的创业理论研究方法,并介绍一些得到广泛认同,并被大量使用的创业概念。

3. 创业理论研究方法

拉欣（Rushing,1990,第29页）认为,创业的研究和推广应该基于一些能够解释创业教育为何会对社会经济状况有重要意义的基本原理之上。约瑟夫・熊彼特（Joseph Schumpeter）是经济发展理论的奠基人。该理论以创业者为中心,认为创业者的作用就是要通过创新改变经济现状。而所谓的"发展"就是把生产中各要素进行重组的过程。熊彼特认为创业者具有创新性,从而可以创造出这些"重组"。他将自己的观点总结如下：

> 在重组之初,每个人都是创业者。但在企业成立、公司开始进入正常运营时,创业者的这种特质就消失了（Schumpeter,1934,第78页）。

多年以后,威廉斯（Williams,1981,第517页）提出了以下假设：

> 创业是一个创造性的过程。创业活动能激发人们的创新精神,而一个富有创新精神的环境又能促进经济增长。如果以上前提成立,创业和经济发展之间就存在一种密切的联系。

因此，了解创业在经济发展中的作用对明晰社会动态及未来发展前景都是至关重要的。

众所周知，新学科形成的标志包括创立专业的协会、开办专门的商业杂志、形成全新的科学研究体系以及开展特色鲜明的教育项目等。麦克马伦和朗（McMullan and Long，1990）的著作表明，早在 20 世纪 80 年代，创业领域内就出现了以上这些标志。所以，创业在当时就已经成为了一门新兴学科（McMullan and Long，1990，第 10 页）。当然，人们对创业概念还有很多其他形式的界定。

吉布（Gibb，1990，第 35 页）指出，经济领域的文献就创业者这一概念展开了大量的界定研究，但针对创业者进行的有力实证研究却并不多见。另外，虽然经济学家写了很多精彩的文献，但他们也没能在创业者概念界定上达成共识，或是在具体意义上做出区分。经济学家认为创业者是创新者、资源整合者、生产组织者，也是自有资本投资风险的承担者。但关于究竟需要强调创业者的何种身份的问题，经济学家们尚未达成一致的观点。

社会学有助于我们更好地了解创业过程，但也具有概念模糊不清的缺陷。社会学对创业概念界定的贡献在于其论述了文化在推进创业方面具有的意义（表现在价值、信仰和态度等方面）以及工作场所和任务结构对创业行为的影响。不过在现实生活中，以社会学为基础的分类方法也是兼有利弊。因为除了将创业者称为自我雇佣者，社会学家很难将其划入其他社会阶层中去。另外，社会学研究还认为宗教、家庭、角色定位、工作和职场经历等都会影响个体的自我雇佣倾向（Gibb，1990，第 35 和 44 页）。

行为学家认为不应把创业者仅限定为拥有企业的独立经营者，而应该更为关注的是个体创业者的能力。大量研究利用行为描述和行为测量的方法，将创业者描写成拥有企业的独立经营者，并力求将创业者群体和其他普通民众区分开来。研究者设计了大量测试来测量创业者的自主性及其对"把创意变成现实"能力的自我感知度。这些测试被用来作为支持开展创业发展项目的理据。第三世界国家甚至会利用这些项目来激发人们的创业特质，鼓励他们独立建立和运营更多的企业。其实，这种做法的理据是建立在一个尚存争议的假设基础上的。该假设认为这种测试测量的不是人们习得的行为，而是其与生俱来的性格特征。因此，公司可以利用类似的测试来预测员工未来可能会产生的行为。在一些大型企业中，能力测量和发展评估是测量员工创业能力的主要方法。为描述小企业经营和能力发展的状况，越来越多的人开始使用创业能力这一术语，这就引发了人们对发展创业文化的需求。但当脱离工作任务或文化环境时，是否仍然能够客观地测量员工的这些特质，人们对此态度不一。某些个体在一些特定环境下会表现出创造性，但在其他环境中则不会表现出这种特性。从这一角度来看，将创业者进行分类从操作层面上看毫无用处，从理论层面上看也是没有任何理论依据的（Gibb，1990，第35—36页和第59页）。

与大多数经济和社会文献所持观点不同，吉布（Gibb，1990，第37页）认为创业者概念应界定为一系列的个人特质，而不是代表某一特定社会角色或承担某些任务的个体。他从文献和实证研究中总结出一组特质，具体信息参见表2-1（来源：Gibb，1990，第38页）。这些特质从总体上来讲代表了各种创业能力。吉布（Gibb，1990，第37页）认为，创业者是一些可以组合运用这些创业特质的个体。而作为个体所拥有的特质，人们可以将其运用于多个方面，而不仅仅局限于创业领域。

表 2-1　吉布提出的创业特质

● 主动性
● 很强的说服力
● 适度且不过激的冒险能力
● 适应能力
● 创造性
● 独立性或自主性
● 解决问题的能力
● 成就需要
● 想象力
● 掌控命运的信念
● 领导力
● 努力工作

　　吉布(Gibb,1990)认为,这些特质并不是绝对的,但代表了描述个体的范畴。这表明在实践中,这些特质或能力是一种对环境的反映。同时,环境因素也可能是各种特质形成的原因。

　　有些人可能在过去并没有表现出特殊的创业能力,但在面临环境变化的威胁时反而会表现出这种能力。例如,失去固定工作后,自我雇佣就成为一种较为可行的选择。从社会学和政治学文献中,我们很容易就能找到关于创业渴求和身处逆境之间关系的研究。因此,威胁和机遇会引发出更多的创业行为。另外,长期积累的经验也会提高一个人的创业能力。因此,我们可以通过培训和教育来培养人们的创业能力(Gibb,1990,第39页)。

　　吉布提出理论中有一个重要观点,即商业活动不是在真空环境中进行的。经营者的创业能力取决于大环境对创业文化的支持力度。吉布认为,文化是某个群体所持有的一系列价值观、信仰和态度,而这些反过来会促使群体成员就某一问题形成共同的理解、思考及感受方式。这种群体的范围可以是国际、国家、地区或少数族裔团体。因此,创业文化可以被宽泛地界定为:支持独立创业行为的一系列价值观、信仰及态度(参见图2-1)。有利的创业文化有助于催生大批独立经营的小企业(Gibb,1990,第44页)。

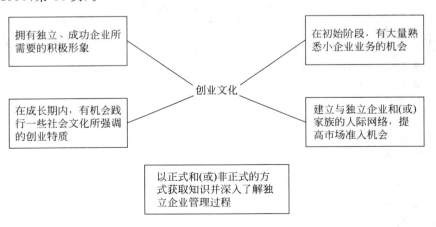

图 2-1　吉布提出的创业文化构成要素

吉布认为,在中小企业云集的地区,人们的创业倾向往往更高,文化规范也更为明显。经统计数据证实,在中小企业分布较多的地区,人们的创业率较高。当然,如果不具备支持创业文化发展的环境,我们还可以在年轻人的成长期内通过教育培训、晋升和奖励体系激发其创业抱负及培养其创业能力(Gibb,1990,第45页)。

胡斯科恩(Huuskonen,1990,第33页)将创业研究分为"个人能力理论"(personal competency theories)及"权变理论"(contingency theories)。前者是指个体具备某些特殊、稳定的性格品质,进而会产生相应的创业行为。这一观点似乎在暗示某些人是天生的创业者。新的研究摒弃了个人能力理论,而采用了权变理论。根据这一理论,创业是人们为了适应特定环境而做出调整的行为,这意味着个体的性格和品质会因环境的不同而发生改变。创业研究不应仅关注于人们的心理特征。因为,创业是一个动态的过程,并且涉及了四个相互作用的要素:环境、商业(或)商机、人力和资源(Ronstadt,1984;Timmons,1994)。当这些要素结合在一起时,就可以促成建立新企业或发展现有企业。

4. 创业定义

据布罗克豪斯(Brockhaus,1987)考证,英国人约翰·斯图尔特·米尔(John Stuart Mill,1848)率先使用了来源于法语的"entrepreneur"(创业)一词。他认为领导力、监管力和冒险精神是创业者必须具备的特质。

在界定"创业"概念的问题上,丘吉尔(Churchill)在《创业发展现状》(*The State of Art of Entrepreneurship*,1992)一书中提到的定义获得了研究者的普遍认同:

> 创业就是在某个新公司或现有企业中,在不计资源(人力和资金)和地理位置的情况下,通过创新来发现、开发并抓住机遇以及创造价值的过程(Churchill,1992,第586页)。

丘吉尔用盲人摸象的故事来比喻20世纪80年代创业研究的巨大发

展。他认为在 1990 年,"大象"的形状就已经变得明晰了,人们对创业从广度及复杂度方面都有了最初的认识。丘吉尔将不同的创业观点进行了分类:有些学者认为创业是社会变革的引擎,可以增加就业机会、提高资源利用率并振兴地方乃至国家的经济;有的研究者认为创业会促使经济均衡发展,这部分人关注的是公司风险投资、高科技公司及增长型、价值创造型企业;还有一部分人将创业看作是一个有吸引力的全新平台,人们可以在这个平台上验证和发展其他基础学科的相关概念。这些观点在很多方面都互有交集。丘吉尔认为,在进行创业研究时,了解创业活动本身是最大的挑战。因此,研究之初的难题就是要确定创业涉及的领域,之后则需要建立完善的理论框架进行预测、解释因果关系并指导实证检验(Churchill,1992,第 579—590 页)。

蒂蒙斯(Timmons,1995)提出了和丘吉尔本质上相似的创业定义,不过这一概念更简洁,操作性也更强。这一概念出自哈佛大学商学院和百森商学院:

> 创业就是在几乎一无所有,也就是在不计现有资源条件的情况下,创造或抓住机遇来创造并实现价值的过程(Timmons,1995,第 5 页)。

英国研究者切尔、霍沃思和比尔利(Chell,Harworth and Bearley,1991,第 46 页)认为,很多人把蒂蒙斯及其同事的著作当作迄今为止最全面的参考资料之一,它可以让在大西洋彼岸的人们了解创业的最新动态。下面的定义是由英国学者柯伦和伯罗(Curran and Burrow,1987)提出来的,他们这样界定创业:

> 创业是一个建立全新经济实体的创新过程。创新就意味着要提供一种有别于其他公司的新产品、新服务、新的生产或营销方式(Curran and Burrow,1987,第 165 页)。

以上由蒂蒙斯及其他学者界定的创业定义源自商科院校。这一界定学术性非常强，并且和经济学科联系紧密。不过，冈德森（Gunderson，1990，第47页）的定义则似乎是从美国文化角度提出的。从教育目的来看，这个定义似乎是最具吸引力的：

> 创业是一个利用各种提升自我的技能，增加人类活动特定目标市场价值的过程。人们在寻找或实现某些商机时付出的努力，可以通过赚取报酬或获得独立性和自豪感的方式得到回报。

在伯杰主编（Berger. ed. ，1991）的《创业文化》（*The Culture of Entrepreneurship*）一书中，作者们关注的焦点是创业的文化语境问题。不过，他们未能对创业一词给出统一的界定。以下是该书作者们给出的两个定义：

> ① 创业是小企业的经营活动；
> ② 创业是一种行为模式和心理倾向，如具有创新力、决策力和冒险精神（Berger，1991，第8页）。

然而，有些小企业并不具备创业的特征，一些大型企业反而具有这些特征。所以，该书的作者们对第一种界定并不满意。另外，他们还发现第二种界定也存在一些缺陷。这是因为定义提及的特征也可以存在于非经济活动中，而目前很多创业活动也并不一定具有这些特征。因此，他们接受了编辑的建议从经济维度对创业进行了界定。该书是这样界定创业的："创业是一种创新的、可产生增值的经济活动"（Berger，1991，第8页）。

比尔·拉欣（Bill Rushing，1990）在其著作《创业教育》（*Entrepreneurship Education*）一书中评述大量相互矛盾的定义。虽然拉欣没有从中选择出一个最佳的定义，但他认为创业是一个动态过程，因此在界定时不应采用静态的视角。作为一名概念界定者，拉欣认为创业者必须要在信息不足的竞争环境下通过创新来应对一切不确定的因素。肯特（Kent，1990a）认为，只有在动态的经济体系下进行的创新行为才会引发最终的变革。创新的后果可能是风险和混乱，但它却能促进经济发展（Kent，1990a，第2—3页）。佩恩（P. L. Payne，1988）在《19世纪的英国创业》（*British Entrepreneurship in the Nineteenth Century*）一书中的文献综述部分参考了很多不同的定义，并提出了创业具有动态发展的性质。赫伯特和林克（Hebert and Link，1988）通过解读经济思想史把创业理论划分成十二个主题类别。他们解释说，创业理论有静态和动态之分，但只有后者才"具有意义"（Hebert and Link，1988，第153页）。他们以演绎推理的方法进行分类，并对创业者概念提出了以下界定：

> 创业者需要承担企业责任，他们通过判断做出决定，而这些决定往往会影响企业的地址选择、呈现形式、货品使用、资源利用和机构运作（Hebert and Link，1988，第155页）。

5. 芬兰在界定创业概念时遇到的问题

芬兰语"yrittäjyys"可译作英语词汇"enterprise"和"entrepreneurship"。胡斯科恩（Huuskonen，1992，第194—195页）认为，"entrepreneurship"和"entrepreneurial"在英语中通常属于定性陈述，用来描述以某种方式管理公司的人。与此相反，"yrittäjä"和"yrittäjyys"在芬兰语中仅指经商。这两个词语没有明确具有从建立、发展、取得成功到让人羡慕或诸如此类的含义。芬兰语"yrittäjä"明确特指的人是公司的所有者，同时也是管理者而非创业者。胡斯科恩认为核心术语"创业"一词的文化内涵过于丰富，所以很难对此开展国家间的对比。他建议使用另外一种方式来界定创业一词，即关注创业者做了什么，而非如何去做。"创业是一种与建立、发展及管理自有公司相关的行为"（Huuskonen，1992，第194页）。在英语文献中，创业者的角色通常与创新、风险承担、领导力、管理能力和资本供给相关。胡斯科恩（Huuskonen，1990，第195页）在其研究中是这样界定创业者的：

> 创业者是公司的管理者、资金投资风险的承担者，同时也是公司最终权力的拥有者。

根据上述"创业者"的定义，创业可以被界定为和创业者相关的商业活动。

佩尔托宁（Peltonen，1986）将创业分为内部创业（internal entrepreneurship）和外部创业（external entrepreneurship），并从这两方面分别进行了界定：

> 内部创业是指在发展自己的企业或为他人工作时，展现出创造性以及创业者特征的工作方式。外部创业则是指建立并经营自己的企业（Peltonen，1986，第 31 页）。

在芬兰，基罗（Kyrö，1997）给出了最新的创业定义。她研究了创业的意义和目的，将其看作是一种对文化的动态反映。她认为创业的本质不随时间的改变而改变，但每个时代有其不同的侧重点。在从传统向现代社会转化的过程中，人们在宏观层面关注的是经济过程和产生该过程的个体。在现代社会中，人们不再关注宏观层面，而是将注意力转移到小企业上，这是一种同时拥有企业的管理和所有权的经济实体。基罗认为，从现代向后现代转变的过程中，人们又将关注点转到了组织机构（organization）上（Kyrö，1997，第 266 页）。

基罗认为，目前可将创业定义为：

① 创建小企业，强调个体创业者及其公司；

② 开展内部创业，这是某一组织的集体行为；

③ 开展个体、自主性创业，即个体拥有自我指向的行为（Kyrö，

1997，第 266 页）。

6. 本研究中创业概念界定

从文献来看，大多数英、美当代学者都支持美国提出的创业概念，而大多数芬兰学者认同佩尔托宁在芬兰国情下所提出的定义。在读过的创业文献中，我支持拉欣和佩恩的研究视角。他们认为应该根据要强调的侧重点从不同的角度开展创业研究。在这样一个不断变化的社会中，创业理应是一个动态的过程。因此，用静态的定义肯定是不适合的。本研究旨在从多角度考察创业教育，因此我不可能仅选择某一个创业概念。不过，我赞同一些学者提出的"探讨创业教育需要在创业研究所处的语境下进行"的观点。因此在本研究中，我将分别论述三个语境下的创业概念进行分别论述，并把其作为在该语境下创业教育的研究资料。接下来，我将探讨本研究中创业教育的定义。

（二）创业教育

> 创业教学是商业教育，属于人文学科。它要求学生既是通才，又是专才；既要能够进行创造，又要能够创造性地解决问题（而不是成为空想家）；既可以进行概念化的推理，又可以在实践中求真务实。在管理科学中，没有比这更好的教育方法了（Bygrave，1998）。

创业被看作是在不同社会中解决各类经济问题的方法。在全球经济竞争的时代，经济增长取决于是否能够建立新型企业以及提供新的工作机会。成功的创业需要有人愿意为资本创造掌舵护航，这样的人应该是那些接受过良好训练、有抱负、敢冒险的投资者。创业教育的有效举措就是要通过教育系统来"创造"创业者。正如我在简介里所讲的那样，创业教育的基本理念就是要通过教育，让学生变得更加有创造力、创新进取并以追求利润为导向。在实践中，人们用来指代创业教育的术语有两个，分别是美国人使用的"entrepreneurship education"和英国人使用的"enterprise education"。在本研究中,为了可以在不同语境下就创业教育问题进行研究和探讨,我用来指代创业教育的术语是"entrepreneurial education"。

　　某些评论者还把创业教育看作是对劳动力市场变化的回应。加拿大研究者麦克马伦和朗(McMullan and Long,1987,第 261 页)认为:"人们战略性地组织并开展创业教育是为了发展经济和创造就业,这就是创业教育要实现的真正目标。"英国的吉布森(Gibson,1994)指出,经济的不断发展必然需要很多大型的私有企业,这一点可以通过创业教育来实现。

　　创业教育活动越来越为人们所接受,并逐步被纳入学校的课程设置当中。它既可以作为一门独立学科,又可以和经济学、数学、人文学科等课程相结合。美国和英国被视为创业教育领域的"领头羊"。在英国的带领下,大多数欧共体国家都在 20 世纪 80 年代开展了旨在激发年轻一代进行创业的各种活动。近年来,加拿大对创业教育越来越感兴趣并开展了许多相关活动。亚洲的印度、马来西亚和菲律宾等国也正在开展重要的试验。总之,除了工业化国家外,发展中国家或正处在转型期的国家也已经意识到开展创业教育的必要性(Gibb,1993,第 12—13 页)。

　　我在简介中提过,因为没有一个可适用于国际话语范围的通用术语,我把"entrepreneurial education"定为本研究操作术语来指代"创业教育"。人们有时会在实践中使用该术语,但这一术语并不局限于任何特定的教育领域。在本研究中,我将采用该术语来探讨一般性和跨语境的问题。在必要时,我会区分"entrepreneurship education"和"enterprise education"这两个都指代创业教育的术语。在探讨某一国家的特定语境时,我会采用相关的、具有国家特色的术语。本研究的其中一个目的是要利用社会地图呈现出三个国家对创业教育术语和概念的不同理解(研究问题一)。所以,基于美国、英国和芬兰对创业教育的具体概念界定,本研究将会分别详细描述这三个国家的具体案例。

六、本章小结

在本章中,我介绍了本研究的主要框架。通过解释本研究对芬兰及国际社会的必要性和重要性,我对研究的理论基础进行了描述。为了阐明基本原理,我介绍了现有的背景信息并进行了文本引证。这些文本证实,从创业教育理论和文献上看,各国之间存在非常大的差距。我在问题陈述部分总结了本研究的初衷,即为了更好地了解美国、英国和芬兰的创业教育。另外,我也阐明了探讨问题的研究方法,并且通过研究问题总结了本研究的目的。针对本研究,我提出了四个主要研究范围和两个研究局限。我把创业和创业教育作为主要术语进行了阐述。一些研究者认为对创业教育的探讨需要在创业研究的背景下展开。创业是一个复杂而又富有争议的概念,所以我参考了多种理论和界定。然而,鉴于本研究所采用的研究方法,我并没有选择某个创业概念来统领整个研究。在涉及各国的章节中,我会分别探讨"entrepreneurship education"和"enterprise education"这两个表示创业教育的语境术语。

第三章　研究方法及数据收集与分析

　　本研究从本质上来讲是定性研究,从整体设计上来讲是对比研究,而从研究定位上来讲则属于解释性研究。虽然本研究调查的是一个当今的社会现象,但我介绍了各国的历史情况作为背景阐述,并对各国不同时期的研究成果加以整理和分析,进而得出结论并对后续研究提出了若干建议。

　　本研究利用比较法对比了美国、英国和芬兰的创业教育文本话语。在回答第二个研究问题时,本研究还运用了论据分析法(argument analysis)和社会地图学方法来处理各国学术论争的数据。为了能够使用互文场(intertextual field)图示展示创业教育的基本原理,本研究又采用了现象描述法(phenomenographic method)整理各国的相关论据。另外,本研究利用图示法展现并据此对比分析了三个国家的学术论争。接下来,我会详述本研究的研究方法以及方法的运用过程:首先,本研究将介绍比较法的起源并提供一些较新且与本研究相关的研究案例;其次,探讨研究框架(语篇分析)和研究的子方法(论据分析);再次,介绍社会地图学的发展过程并提供说明性的研究案例;最后介绍的是研究中样本和数据的收集过程。

一、比较法

　　基维斯和亚当斯(Keeves and Adams,1994)认为,我们在开展教育领域的学术研究时可以运用两种截然不同的研究策略,分别是整体研究法和比较研究法,也可以称作系统研究法或对比研究法。通过比较法,研究者可以在两个或多个语境下对某一基本组成部分进行特征对比。在发现差异时，可以继而求证产生差异的原因；而如果没有发现差异，则可以继续探究相似性产生的原因（Keeves and Adams，1994，第948页）。

乔治·贝雷迪（George Bereday，1964）和布赖恩·霍姆斯（Brian Holmes，1965；1981）为20世纪60年代比较教育的科学方法做出了杰出贡献。琼斯（Jones，1971，第83—92页）认为，贝雷迪的方法主要有以下几个阶段：①描述教育事实；②解释说明；③并置。霍姆斯（Holmes，1965）借鉴了杜威（Dewey）提出的解决问题的方法，并在此基础上提出了开展比较教育研究的八个步骤。霍姆斯认为比较教育可以成为规划教育发展的工具，并且这种探索会让人们更深刻地了解教育系统（Keeves and Adams，1994，第949页）。比较教育主要的研究类型包括描述性研究、发展性研究、关联性研究以及过程性研究。在比较教育研究中，教育成就的国际研究及教育项目成本效益等主题最为常见，而最为典型的研究形式就是绘制国家间教育系统的对比图示（Keeves and Adams，1994，第950—952页）。接下来，我会简要介绍五个最新的比较教育研究案例，它们所探讨的问题与本研究息息相关。另外，我还将对比本次研究和以往研究在研究结论方面的异同点。同时，我会再次介绍这些前人的研究并详述其研究结论。

哈尔平和特罗纳（Halpin and Troyna，1995）分析了各国在借鉴教育政策时所使用的策略。他们对比了20世纪80年代美国、英格兰和威尔士教育政策的异同。在此之前，格思里和皮尔斯（Guthrie and Pierce，1990）也曾对比过英、美两国国际经济教育政策的异同。芬戈尔德、麦克法兰和理查森（Finegold，McFarland and Richardson，1993）还根据一次以"教育政策借鉴"为主题召开的会议编著了一本书。在书中，他们提出美、英两国在政策借鉴上持有的困惑："在得知玛格丽特·撒切尔（Margaret Thatcher）在观察并想要借鉴美国教育政策时，许多美国教育培训专家都表示惊讶和不解。因为，他们认为英国的教育和培训体系相对而言比较成功，而美国的教育和培训体系则被认为是处于"危机状态"，绝不会有其他国家想要去加以效仿。"芬戈尔德（Finegold et al.，1995，第5页）、埃利奥特和麦克伦南（Elliot and Maclennan，1994）还从教育社会学角度对加拿大、英国和美国就教育体制、现代性和新保守主义①学校改革进行过对比。加拿大社会学家戴维斯和格皮（Davies and Guppy，1997）就全球化和教育改革问题对五个以英语为母语的民主国家做过研究，分别是美国、英国、加拿大、新西兰和澳大利亚。戴维斯和格皮指出这些国家在教育改革的各个环节都曾借鉴过彼此的政策借鉴，如课程设置、标准化和集中化测试、多元文化教学以及学校管理等。他们认为尽管从内容上看这些改革并不完全相同，但在改革模式上都互有借鉴（Davies and Guppy，1997，第435页）。

本研究利用比较法搭建起一个宏观的研究框架。在分析每个国家话语时，我借鉴了贝雷迪提出的三个研究步骤并以此为基础对研究结果进行分析。为了回答第一个研究问题，本研究描述并调查了与创业教育定义相关的文本。同样，本研究还展示了各国对创业教育基本原理的论争图示。这些图示描述了各国教育中的一些"事实"，形成了各国话语的互文场。我将对这些互文场图示进行解释和分析。最后，本研究会将各国的论争图示进行并置、分析并得出研究结论，这也就是三个研究问题的答案。

二、话语或论据分析法

话语（discourse）是"直观可见、可描述的思维载体"（Reiss，1982，第9页）。

在本小节里，我将介绍一些学者的观点。它们给予我启发和指引，影

---

① 新保守主义是在对20世纪中期以来美国国内自由主义进行反思的过程中产生，并不断发展起来的。与自由主义一样，新保守主义也将"民主"和"秩序"奉为现代民主社会的最高价值。

响了我对研究方法的选择。全国性的研究案例代表各个国家创业教育的话语。从研究方法上看,我使用的是话语分析法,只不过是将论据设定为研究单位。这种选择可以确保讨论更多元化,从而能够更好地达到研究目的。本研究的框架实际上是由介绍话语分析法及三个使用该研究方法的研究案例搭建而成的。

解释性研究和诠释学共同的关注点是语意(meaning)。诠释学注重的是如何解释、翻译及理解人们感知到的现实。很多从事定性研究的学者认为,某个文化领域的"现实"是多种理解的产物,这其中也包括研究者自身的看法。现象研究依靠的不仅是研究者的解释,还包括研究者和参与者对现象的描述、解释以及赋予的意义。不同于那些针对普遍规律的研究,诠释学研究强调分析话语和语言,其论据是语义描述,而不是概率统计。因此,这类研究的关键就在于要把握好描述"现实"的尺度及准确度(LeCompte and Preissle,1993,第31—32页)。

诠释学的目的是要增加人们对古往今来的其他文化、群体、个体、条件和生活方式的理解。另外,诠释学研究者认为自己的工作就是要解释人们的想法(Ödman and Kerdeman,1994,第2580页)。哲学解释学为公共修辞实践提供了有用的哲学依据,因为解释的艺术就是"在解决实际问题时劝说他人的语言艺术"(Habermas according to Gilliar,1996,第8页)。同时,哈贝马斯和伽达默尔(Habermas and Gadamer)强调,对文本的解析要基于文本当时所处的语境条件。为了要解释某一文本,人们有必要首先了解并清楚彼此的语境。伽达默尔强调人类拥有的所有经验都是不断交流的结果。因此,人类对世界的认知是在和过去传统相交流的过程中不断发展起来的(Gilliar,1996,第8页)。

关于如何将文本作为数据来使用的问题,巴恩斯和邓肯(Barnes and Duncan,1992)借用了里库尔(Ricouer)的观点。里库尔在《文本模式》(The Model of the Text,1971)中提到,世界就像是一个文本。他在书中提出了两个问题:文本范式是社会学的优秀范例吗? 文本诠释学和社会学相关吗? 里库尔认为这两个问题的答案都是肯定的,原因有四点:

① 文本话语的主要特征是其概要地描述了社会生活,人们可以借助文字在文本中体现出具体的话语意义;

② 在书面作品中,作者的意图和文本的意思常常不一致,也就是说会出现文本脱离作者的现象;

③ 书面文本经常具有超越其最初创作语境的特点,文本根据语境的变化被一次次解读;

④ 文本的意思不是固定的,因为读者对文本的释读因人而异,各不相同(Barnes and Duncan,1992,第 6 页)。

文本由很多更大的、更具开放性的话语组成。纽南(Nunan,1993)认为话语是对语境中交际事件的阐释。他认为语篇分析是从语言学角度进行的,而话语分析则是对语篇的解读(Nunan,1993,第 6—7 页)。巴恩斯和邓肯(Barnes and Duncan)认为话语是一个框架,包含叙事、概念、意识形态和意指实践等多种特殊组合形式,而每一种形式都与一种特殊的社会行为范畴相关联。话语是表意的实践活动,它为人们了解所处的世界提供了一个系统框架。话语是有范围和界限的,在该范围内的观点和行为都被视为是自然合理的。也就是说,话语界定出哪些是相关问题,哪些是可理解的问题。然而,范围的界限也不是一成不变的。这是因为话语不是统一不变的,它会经常受到话语协商、质疑和话语转换的影响(Barnes and Duncan,1992,第 8 页)。

戈特利布(Gottlieb,1987)借鉴了福柯(Foucault)的观点。福柯认为话语通常是文化实践的基础。在他看来,话语是文化生活中所有形态的集合,包括人们对文化生活做出的各种评论(Gottlieb,1987,第 58 页)。戈特利布(1989)认为福柯的观点表明,知识是以话语形式构成的,而正是一次次具体的话语实践确定并限定了知识的范畴。福柯认为知识是在特定时间、特定领域内借助话语实践构建而成的。这些实践被总结成一系列"规则",这套规则虽然存在于任何单一文本中,但却能把大量的单一文本组织在一起。话语实践的一个特点是,其规则并不是来自外部,而是在其运作过程中自然产生的。话语分析不会判断话语对象(discourse object)是否属实，但却可以展现出话语是如何再现其对象的。话语并不是社会的镜子，它只是尽可能如实地反映这个世界（Gottlieb，1989，第132—133页）。埃丝特·戈特利布（Esther Gottlieb，1989）认为，话语分析是一种描述和分析教育领域话语实践的方法。人们通过话语实践可以开展各种教育活动及教育研究，而话语分析方法可以展现并说明这些话语实践。在库恩（Kuhn）、福柯和其他研究者的影响下，戈特利布提出这样一个假设：知识不是被"发现"的，而是存在于并通过话语这种独特且具体的智力范式建构而成的。在进行话语分析时，我们绝不能忽略话语的作用，因为话语不仅是传递想法和意图的工具，也是实际塑造思想和行为的工具（Gottlieb，1989，第141页）。

话语分析这种研究方法通常比较灵活。不过，进行文本话语分析其实没有任何秘诀可言。从功能主义的角度来讲，话语分析甚至都不能算是一个有效的研究方法，它只是一种依赖于读者主观想法的即兴释读。有人认为话语分析的结果不可复制，因此缺乏效度。戈特利布介绍了以李维·斯特劳斯（Levi Strauss）为首的反对者的观点。他们认为话语分析是一种即兴的智力形式。检验研究结果的唯一方法是回到文本本身，对文本进行检查并分析。除此之外，人们暂时还没能找到能够提供明确准则的方法（Gottlieb，1987，第141页）。

论争（debate）是一种特殊的话语形式。弗里雷（Freeley，1996）将论争界定为"就某一议题寻找合理判断的探究和辩护过程"。论争为某个议题提供正反两面的理性论据，人们借此有机会进行批判性的思考。弗里雷认为人们需要论争。不仅立法机构和法庭庭审需要论争，社会上其他领域也同样需要论争。另外，人们之所以需要论争是因为它不但可以维护言论自由，而且还为解决当今的社会问题提供了一种创新和判断的方法（Freeley，1996，第1—6页）。伯兰罕（Branham，1991）认为正反双方是论争的关键所在。弗里雷认为："论据是人们在一些交际语境下，为其行为、信仰、态度和价值观进行辩护的理据"（Freeley，1996，第471页）。

接下来，我会提供三个使用话语分析方法的研究实例，其中前两项的研究者是戈特利布,另外一项的研究者是吉莉安。接下来,我将简要地介绍这三项研究。

戈特利布撰写了名为《发展教育:与范式和知识相关的话语》(*Development Education:Discourse in Relation to Paradigms and Knowledge*,1987)的博士论文。在文中,她从每个范式中选择了一个具有代表性的发展教育文本,并对文本的语篇进行了分析。通过话语分析方法,戈特利布解释了知识是如何存在于话语实践、并通过话语实践建构起来的过程。戈特利布分析了三个文本,分别是功能主义范式、激进功能主义范式和激进人文主义范式。她当时就认为即将会出现释读发展教育的解释性文本。戈特利布(1989)在后来的激进教育话语研究中分析了发展教育领域中的三个范例性文本,并揭示出一些具有特点的话语策略和要素。戈特利布认为,确认相关话语要素不仅仅只是描述性的,以上三个文本都表明话语要素其实是可以建构具体知识的。戈特利布尝试在研究中为教育科学研究找出一种正式的话语分析方法。她特别指出,形式和内容都同样具有约束力,话语不但能够表达语意还能构建知识。事实上,因为戈特利布的研究对象是激进的教育话语,所以她的研究重点仍然是元话语(meta-discursive)(Gottlieb,1989,第 133 和 142 页)。

另一个使用话语分析的研究实例是贝亚特·吉莉亚(Beate Gilliar)所著的《(再次)统一的修辞》(*The Rhetoric of (Re)Unification*)。她研究了东德和西德的主流报纸,旨在探究德国民众对公共身份的看法及其对政治修辞分析的影响。她的一个主要研究目的就是找出共享知识是如何在媒体中产生并再创造的。她使用修辞及诠释学的研究方法来揭示公共话语是如何推进社会解放的(Gilliar,1996,第 6,10 页)。

在本研究中,诠释学为话语分析方法提供了哲学依据。我赞成戈特利布、库恩和福柯的观点:知识不是被发现的,而是存在于话语并通过话语这种独特且具体的智力范式建构起来的。我认为,话语分析不会判断话语对象(discourse object)是否属实,但却可以展现话语是如何再现其话语对象的。话语并不是社会的镜子,它只是尽可能如实地反映这个世界。我非常赞成里库尔（Ricoeur）的观点，他的发现为话语分析方法找到了理据。不过，我还没有达到戈特利布的研究深度。她认为形式和内容同样具有约束力，这一点和纽南的文本分析观点相似。我的分析主要侧重于那些和本研究主题相关的内容（参见样本收集部分）以及在每个国家背景下所做的文本分析。我认为，文化意义上的"现实"是多种理解的产物，这其中也包括研究者自身的想法。在本研究中，研究者和参与者，即相关文本（不仅是研究者对文本的释读）为创业教育现象提供了有意义的支持。本研究所采用的论据分析法与话语分析法十分相似。不过，在查找论据和学术论争文献时，我没能找到像本研究这样使用论据分析法的研究先例。

三、社会地图学方法

保罗斯通（Paulston）和利伯曼（Liebman）认为社会地图学是一种艺术和科学相结合的方法，它用构图的方式来观察世界，并以视觉方式展现出后现代的敏感性。这种敏感性的影响开启了社会、智力和理论导向之间的对话。而在此之前，理论导向一直被排除在社会话语之外，处在边缘化的状态。保罗斯通和利伯曼认为，社会地图学可以帮助从事比较研究的学者理顺和理解我们这个时代固有的相对主义和碎片化。社会地图学并不反对叙事①（包括元叙事②及局部文化叙事）。它将所有的叙事都进行问题化研究。我们在制图时采用了元叙事形式，但这并不意味着这种形式就优于其他叙事形式或者像以前一样处于支配地位（Liebman and Paulston，1994，第237页；Paulston and Liebman，1996a，第38页）。通过这种方法，人们可以利用制作图示对多种事实以及一些有争议的准则

---

① 叙事是对事件的表述或话语性的再现（Prince，2008，第17页），或者说是故事的媒体化、符号化的表述。从结构来说，一个叙事必须至少由两个事件组成，彼此之间属于同一主题或具有某种逻辑性和关联性。

② 元叙事（meta narration），也称为"大叙事"，是由法国哲学家李欧塔（Jean-Franãois Lyotard）在1979年首次提出的。这一术语在批判理论，特别是在后现代主义的批判理论中，指的是完整解释，即对历史的意义、经历和知识的叙述。

进行整体性的对比研究。福柯认为,后现代敏感性严重妨碍了人们对稳定状态和变化基础的幻想(Nicholson-Goodman and Paulston,1996,第97,102页)。

图示是特殊的物体,最初归其创作者所有,文本话语也同样如此。每个社会图示都是其创作者的作品,必须要经历不断的修改和质疑。社会图示反映了制作者的知识及对社会系统的理解(Paulston and Liebman,1996b,第14页)。社会制图者所绘制的图示虽不适用于其他制图者,但却可以被探讨、改变及体现个性。尽管利用社会地图学方法制作的大多是静止的二维平面图,但其目的却不只是展现制作视觉图形的过程。利伯曼(1994,第32—33页)指出保罗斯通的图示(附录1)中带有能够描述变化的方向性符号,这些箭头可以增加对图示"功能性的补充",有助于建立读者与图示之间的互动。即便没有这些符号,图示的最终目的也还是要像保罗斯通所说的那样,激发读者与图示之间的互动,让读者参与重新制图并对图示提出质疑(Paulston,1996b)。

社会制图者不强调其制作图示的有效性,而是要鼓励他人对图示展现出的社会现实之间的空间关系提出质疑。当然,因为制作社会地图并不是实证性研究,所以在数理上也并非无懈可击。从这个角度上看,社会性的环境虽不能被量化,但却可以被观察、描述及对比。因此,社会地图可以被看作是后范式的。图示可以给人们提供一种透视主义①(perspectivist)导向,但却不提供最后的真相或普遍事实,它所提供的只是释读而已(Liebman and Paulston,1994,第238—239页;Paulston and Liebman,1996b,第23页)。

赫夫(Huff,1996)介绍了五种可操作的图示类型,分别是:①评价概念间联系及概念的价值;②显示既定场合下参与者所选的分类维度和认知类别;③识别认知因素和系统动态间的因果关系;④显示论据和结论的

①　透视主义(perspectivist)是美国著名文学批评家韦勒克(René Wellek)在他与沃伦合著的《文学理论》一书提出的文学史研究方法。该方法把诗和其他类型的文学看作是一个整体,这个整体在不同时代都在发展和变化着,可以互相比较,并且充满着各种比较的可能性。

结构体系;⑤指出结构环境中显示思想和行为关系的模式、框架和理解原则(Huff,1996,第 161 页)。赫夫认为这五种图示类别的操作方法界限并不十分明显。在实践中,制图者经常采用多种方法制图,本研究也是如此。对照赫夫的分类,本研究制作的图示和第二种图示类型最为相似。赫夫表示采用第二种类型的制图者认为研究需要进行类别的划分,并且任何既定概念的意义都主要来自和其他概念的对比当中(也就是本研究所讲的分类空间)。

利伯曼和保罗斯通(1994)根据视觉风格将图示分成三类:第一种是现象描述图示,体现的是现象之间的关系;第二种是概念图示,描述的是制图者的想法和世界观。作为一种特殊世界观的持有者,概念图示的制图者从内部进行观察。不过与此同时,他们也承认其他世界观的存在;第三种是模拟图示,模拟或效仿一种现实(Paulston and Liebman,1994,第240 页)。本研究运用了现象描述图示。接下来,我会介绍两个运用现象描述图示的科研项目。

第一个项目的研究者是保罗斯通(1994,第 931 页)。他选择了 60 篇新近发表且与国际比较教育相关的文本,就范式话语(paradigmatic discourse)及地域性论争制作了宏观图示。他发现了特殊的语篇指向①(textual orientation)并创建了学术论争的互文场(参见附录 1)。保罗斯通认为,该图示有助于解释不同学术观点产生的具体地域及其相互间的影响。不过,该图示描绘的是保罗斯通的个人观点,"并不是事实,仅是一张描述性图示而已"(Rust,1996,第 44 页)。保罗斯通的图示属于典型的现象描述型图示,而描述图示的文章可以记录结论并为其提供理据。

另一个使用社会地图学的研究者是维多利亚·尼科尔森-古德曼(Victoria Nicholson-Goodman,1996)。她从与环境教育相关的话语中找出知识产生的场域或不同语境下的认知方式,并制成了概念图示(参见附

①　语篇指向(textual orientation)是一种语篇分析方法,它包括四个要素:时间、地点、事实和交际双方的关系。当语篇指向性不明确时,就需要受话人或读者去想象和联想。

录 2）。她认为图示反映出人们看待哲学问题的方式，即在政策对话中对真相和价值进行选择，同时也是一种趋近话语的方式，这样才能充分地涵盖小型叙事（mini narrative），并且充分实现元叙事（meta narrative）间的创造性互动（Nicholson-Goodman and Paulston，1996，第 109 页）。利用这种图示，她可以把环境教育领域中新旧观点的关系变得更加直观。尼科尔森·古德曼明确了话语概念，揭示出两个重要方面，即风险和关系。她认为它们是图示认识论范畴中的两极。而在价值论范畴中，所涉及的两极则分别是生态中心论和人类中心论（Nicholson-Goodman，1996，第 308 页和 312 页）。

图示方法本身就包含着比较的概念。《社会地图学》（*Social Cartography*，Paulston and Liebman，1996b）一书介绍了一些应用图示进行研究的项目，比如用图示探讨理论实际问题以及学术方面的论争。不过，这些项目以及我梳理过的文献都没有使用社会地图学方法对各国与教育相关的学术论争进行制图，并根据图示对学术论争展开对比研究。本研究希望可以将这种制图方式应用到话语制图研究当中。

本研究使用社会地图学，描述了各国在创业教育学术论争中的研究发现。我使用现象描述图示展示了创业教育的基本原理，这将有助于读者更直观地看到各国学术论争的互文空间（intertextual space）。在图示中，我还将呈现一些尚未得到社会广泛认同的观点。另外，我认为任何文本都不具有特殊性和优先权。因此，我在制作图示时力求将一些处于边缘化的观点也涵盖进去。不过，我承认本研究的发现和直观图示仅代表我个人对所选文本持有的观点。我立足于芬兰的学术论争并通过制图者的身份来表明自己的学术立场。对于美国和英国的案例，我则更像是一位观察者，所做的图示也仅限于为学术论争提供探讨空间。事实上，图示表明我自己也参与了这其中的学术论争。为了介绍书面形式的话语，我采用了保罗斯通在《社会地图学：以图示的方法观察社会和教育变化》（*Social Cartography：Mapping Ways of Seeing Social and Educational Change*，Paulston，1996b，第 16 页）一书中提出的观点。这可以使读者形成自己的心理图示。最后，我将展示自己制作的图示。为了进行话语分析并用图示表明观点，我借鉴了马顿（Marton）提出的一些观点（参见下文）来组织数据。

四、样本选择及数据收集

在本小节，我将解释本研究样本的选择过程并详述在此过程中遇到的各种问题。

本研究的样本是从文本中提炼出来的学术论争观点。主要文本选自官方政策性文件，次要文本则选自书籍、报纸、杂志和网页等观点性和评论性文本。大多数样本选自教育、商业、社会学、公共政策及政治经济学等学术性文本。这些书面材料和本研究直接或间接相关，有助于回答本研究的前两个研究问题。第一个研究问题需要的是与各国创业教育概念相关的论据。第二个研究问题需要的则是从正反两方面及社会和个体范畴探讨创业教育的论据。最初，我想尽可能多地找到大量不同立场的论据，并试图以整个文本作为分析单位。但由于文本过多且立场各异，甚至互相矛盾，我便放弃了这一想法。事实上，数据收集的重点在于论据本身，但我也意识到要将所有观点都一一呈现出来是不可能的。因此，本研究不会囊括与创业教育相关的所有论据，但会尽量将主要观点进行类别的划分。

我之前做过创业教育方面的研究，并阅读了大量关于该领域的文本。因此，本研究数据的选择最终还是取决于我的专业判断。在最初进行文本选择时，我的确考虑过直接借用前人的类别划分标准，但最终我并没有选择那些已经被我分类别的文本数据。文本的综合性和显著性是研究样本选择的标准，而我也成功收集到很多符合标准的样本。在收集三个国家文本样本时，本研究采用的是数据库查询和咨询专业人士的方法。当然，各国在数据获取方面还存在一定差异。

在美国，现有文献非常丰富。因此，我的主要任务就是筛选文本。不过，除了"专家级文本"外，本研究很难找到其他与创业教育原理直接相关的文本。因此，我不得不兼容并蓄，主要依靠语境进行文本筛选。另外，我把有些倡导创业的文本也视为是在间接提倡创业教育。大多数文本都来自创业教育交流中心（The Clearinghouse on Entrepreneurship Education，简称 CELCEE）。该中心隶属于教育资源信息中心（The Education Resources Information Center，简称为 ERIC），它拥有全美（也可能是全世界）最全面的创业教育文本。该中心还收录了一些其他国家的文本（我找到了适合本研究的英国文本）。此外，为了尽可能多地找到一些标新立异的观点，我还查阅了其他数据库，如教育资源信息中心数据库（ERIC）、社会科学期刊论文索引与摘要资料库（SocioFile）、商业资源精华数据库（Business Source Elite）以及联机计算机图书馆数据库（World Cat）。

在英国，我们可以找到更多持有不同立场的"专家级文本"。不过，这些观点主要发表在学术期刊上，我在美国很难查阅到这些期刊。在咨询过杜伦大学（University of Durham）、华威大学（University of Warwick）以及伦敦大学（University of London）创业中心的工作人员后，我被告知英国没有创业教育数据库。幸运的是，我的一位同事当时正在华威大学教育和工业中心撰写关于英国创业教育的论文。通过与他的交流，我获得了一些较新的资料。

芬兰大部分关于创业教育的文本都是用芬兰语撰写的。所以，我在美国找到的可用资料非常少。对于芬兰创业教育文本的收集，我主要是通过在芬兰图书馆查阅文献或利用自身专业背景优势向同行咨询。早在1992 年，我就对创业教育文本产生了研究兴趣，开始持续关注并不断收集芬兰的创业教育文本。在匹兹堡大学（University of Pittsburgh）求学期间，我分别于 1995 年 7 月、1996 年 12 月和 1997 年 12 月三次返回芬兰并在图书馆进行了文献查阅。在 1997 年年底，《芬兰创业精神教学材料评价综述》（*Evaluative reviewing of Finnish teaching material on entrepreneurship*，Ristimäki and Vesalainen，1997）一书正式出版。该书以报告的形式评述了 168 份与创业教育相关的最新教学资料。我以该报告为标准来检验是否还遗漏某些与本研究相关的芬兰语文本。另外，在一个朋友的建议下,我还在网上查阅了中芬兰区(Central Finland)的电子报纸《联合王国》(*Keskisuomalainen*),并搜集到一些地方性的二级论争文本。后来,该电子报纸又给我邮寄了精装版的文本合集。

数据分析的过程包括两个环节,分别是对各国逐一分析以及进行国家间的对比。接下来,我将解释现象描述法。最先使用该方法的学者是马顿(Marton,1997)。他指出使用这种方法实际是把数据收集和数据分析结合在一起。研究者在进行数据收集时就已经开始进行数据分析了,并且之前的分析还会影响到随后的数据采集。一般来说,我们会按照研究对象收集数据。不过,利用现象描述法时,数据收集和数据分析的辩证关系更为明显。因为研究者从一开始就界定了其感兴趣的现象范围,所以他们会努力去思考现象、辨别其在特定背景下的结构、区分出显著特征、用多种视角进行观察并为后续的研究做好准备(Marton and Booth,1997,第129页)。

五、数据分析

有些人认为在国家间开展创业教育对比研究是非常复杂的。这是因为各国项目的目标不同,用来描述项目的术语意义也不同,更重要的是现有项目开展的语境也各不相同(Gibb,1993,第11—12页)。因此,本研究试图通过现象描述法来解决研究过程中可能会出现的问题。该方法是由瑞典学者佛伦斯·马顿(Ference Marton,又译作马飞龙)和他的助手们研究设计的。我采用该方法的主要目的是要将文本中的观点进行分类。

现象描述学是以绘图的形式描绘人们生活的世界,包括对各种现象的体验、界定、感知和理解的方式。从本质上来讲,这些都是截然不同、千差万别的。因此,现象描述学研究的既不是现象,也不是人类本身,而是人和其所处世界之间关系的问题(Marton,1988,第197页)。现象描述学的基本观点是:人们可以用有限、但本质上不同的方式去体验或界定所有现象。现象描述学的任务就是以绘图的形式描绘出人们的各种理解

（Marton，1988，第 196 页）。通过实证研究和文本分析，现象描述研究并不是要描述事物的"本来面貌"，而是要指出作为认识世界的方式这些事物是如何被呈现出来的。在现象描述研究中，确定描述类型的过程既是一种研究形式，同时也是研究的主要结果（Paulston，1996a，第 20—21 页）。马顿（1988，第 180 页）指出，利用现象描述法"最终是要将描述性文本进行分类。描述性文本都是基于对某种语境的理解，但我们在分类时可以脱离该语境，将其用于其他语境当中"。该方法的这一优势对我的研究尤其有利，它解决了之前提过的一直以来阻碍人们开展国家间对比研究的难题。

马顿（1994，第 442 页）喜欢利用个别访谈法进行研究，然而，只要将这种方法稍加调整，它也可以同样适用于文本分析。保罗斯通（1993）就曾在绘制比较教育文本图示时使用过该方法。因此，在进行文本分析时，分类是由文本而非现有的理论结论决定的。将引用文本集合在一起并赋予其类别划分的意义，从这一角度来看，这种分析是辩证的。

现象描述法已经成功应用到一些社会地图学的研究当中，如之前提过的保罗斯通和尼科尔森·古德曼的研究。其他研究则利用该方法来描述人们对社会现象的看法，如纽曼（Neuman）的研究《算术技能的由来：现象描述法》（*The Origin of Arithmetic Skill：A Phenomenographic Approach*，1987）、德曼（Theman）撰写的关于政治权力概念的《如何看待政治权力》（*Uppfattningar av politisk makt*，1983）和帕克（Park）的博士论文《从韩国私立办学看高等教育的扩张》（*Ways of Seeing the Phenomenon of Higher Education Expansion through the Private Sector in South Korea*，1993）。

为了能够把在不同国家背景下人们对创业教育的看法分别制图，我遵循了马顿（1988，第 197—199 页）所说的分析过程。首先，为每份与调查现象相关的文本和引用论据建立档案。在这一阶段，必须要基于选择样本的语境进行解读。这样一来，论据就为构图创建了资料库。其次，梳理所选的论据、将其进行分类、仔细审查处于类别临界点的个案并最终确定分类标准。本阶段的重点不在于考察单个文本,而在于考察选取文本所表达的语意。最后,按照核心语意将文本进行归类。

如前文所述,本研究会首先分析每个国家的文本,然后再进行文本对比。对比将根据研究问题展开,并在分析中逐步增加直观图示。但本研究并不是仅依靠图示进行对比的。第七章会详述此问题。

六、本章小结

在本章,我介绍了研究方法及数据收集和分析的过程。本研究从本质上来讲是定性研究,从整体设计上来看是对比研究,同时它也是解释性研究。本研究对比了美国、英国和芬兰创业教育的文本话语。总体来看,本研究采用的是对比研究方法。为了回答第二个研究问题,我运用了论据分析法和社会地图学方法来处理从各国获得的文本数据。因为过程非常复杂,我详尽解释了文本和数据收集和分析的过程。马顿(1997)的研究表明:使用现象描述法时,数据收集和分析是紧密结合在一起的。因此,为了整合和分析每个国家的相关论据,我使用了现象描述法。

第四章　美国创业教育

在本章中,我将介绍美国探讨创业教育问题相关的文献。本章主要是由文献综述以及文本中直接或间接找到的信息构成的。首先,在研究背景部分,我将从客观现实主义角度分析过去十年中,促使美国教育和经济之间关系得以形成的历史背景和社会背景以及相关的学校改革。其次,我将介绍创业在美国文化中之所以能够生根发芽的原因。再次,我将用诠释学分析法分析主要文本,以了解美国学者是如何看待并界定创业教育的。最后,我将描述美国学者对创业教育基本原理展开的学术论争。前两部分为第三部分提供了支持性背景信息,而第三部分才是本章的核心。

一、背景介绍

在本小节,我将介绍美国教育和经济之间关系得以形成的历史背景,并将其作为本章的研究背景。事实上,当前美国创业教育的研究现状是经过学者们长期探索才逐步形成的。20 世纪 80 年代美国进行的学校改革以及围绕其展开的探讨为本研究所调查的学术论争奠定了研究基础。除了考察美国的历史背景,我还将介绍美国的社会背景。此外,为了解创业教育的基本原理,还将介绍了解美国民众是如何看待创业以及如何评价创业在社会中的作用。

(一) 教育与经济关系形成的历史背景

在这里,我将探讨美国现存的关于经济和教育关系的文献,并着重介绍"K—12 教育"所经历的变化。另外，我将集中探讨 20 世纪 70 和 80 年代在美国出现的各种关于教育改革的学术论争和实践活动，同时描述 20世纪 90 年代的主要发展趋势。这些资料将说明目前创业教育学术论争产生的背景条件。

20 世纪初的新闻报道表明，美国民众非常关注本国与其他工业化国家（尤其是德国）之间的竞争。当时，学术论争的焦点是职业教育的作用及其在教育系统中的地位问题。得到人们公认的资本有两类：一是土地、机器和金钱，二是人力资源。但在当时的美国，人们忽视了人力资源的开发。在这种情况下，学校理所当然地被当作是培养人力资源的场所。这促使美国国会于 1917 年颁布了《史密斯-休斯法》①（*Smith-Hughes Act*），这是美国职业教育发展史上最具有重大意义的教育法案。根据这一法案，改革的主要目的就是要让美国逐步达到参与国际竞争的水平。然而，工会和很多教育者都反对这次运动，其中最著名的反对者是约翰·杜威（John Dewey）。人们之所以反对这次运动，部分原因是担心它会导致更严重的阶级分化（Martin，1991，第 342—344 页）。

哈图尼安和范·斯科特（Hartoonian and Van Scotter，1996，第 556页）曾说过，在 20 世纪 30 年代，教育工作者曾饱受民众的批评。当时人们认为，如果学校最初能够以就业为导向培养学生，经济大萧条就不会发生了。另外，在第二次世界大战末期和冷战之初，一些批评者要求学校帮助美军保持武装力量领先苏联的优势。教育者被指控营造了一种反知识的氛围，而学校被评价为美国全部防御战略中最薄弱的环节。1957 年，当苏联成功发射人类第一颗人造卫星"伴侣号"（Sputnik I）时，美国举国震惊。在商界和政府官员的共同施压下，美国决定加强学校在科学和数学方面的教育。20 世纪 50 年代末、60 年代初，教育工作者认为国家的学

---

① 《史密斯-休斯法》（*Smith-Hughes Act*）是美国国会于 1917 年颁布的一项教育法令，它在美国职业教育发展史上具有重大意义。该法案规定联邦政府要发展各州的中等职业技术教育。它的颁布和实施奠定了美国发展中等职业技术教育的法律基础并提供了可靠的资金保障。

习资料都已过时,因此需要对主要课程方面加大投入。此举得到了美国公众的一致认可。20 世纪 50 年代末,美国经济步入大萧条。在这种情况下,对学校的评估随即与经济效益直接挂钩。

除此以外,美国教育界也展开了多次保守主义运动,如 20 世纪早期的"集权和效率运动"(centralization and efficiency movement)、1973 年石油禁运后的"回归基础课程运动"(back-to-basics movement)、20 世纪 70 年代的"问责制、能力本位运动"(accountability,competence-based movements)以及 20 世纪 60 和 70 年代的"职业生涯教育运动"(vocational and career education movements)。所有这些运动都是以让学校教育创造更大的社会利益(尤其是经济利益)为导向(Martin,1991,第 343—344 页)。哈图尼安和范·斯科特(1996,第 556 页)指出,"回归基础课程运动"是一种对复杂经济问题的简单反应。但这一努力并未体现出美国民主资本主义制度下的重要哲学思想,也没有凸显成为一个品德高尚的公民、有学识的知识分子以及懂技能的工作者的价值。

直到第一次世界大战结束后,美国各州才开始强制实行义务教育(Boyd and King,1995,第 423 页)。从国家层面上看,美国的教育体系是一个权力下放的体系。联邦政府、州政府以及地方政府在教育管理方面各司其职。美国五十个州对各自的公共教育体系负责,大多数控制权掌握在当地学校董事会手中(Valverde,1994,第 6539 页)。

1. 20 世纪 80 年代学校改革的背景

20 世纪 70 年代末,教育面临的最大危机是,越来越多受过教育的公民遭受失业的威胁。受过教育的从业人员供大于求,教育投资的回报率开始下降。教育不但没有促进经济增长,反而似乎阻碍了经济增长。当时,观察员创造出一个新词"教育通货膨胀"(educational inflation)来描述教育的经济价值在不断下降的现象(Spring,1980,第 55—56 页)。

在 20 世纪 80 年代,教育改革再度引起热议。研究者们开始重新定位和设计教育以求实现人们在 20 世纪初持有的期望,即让美国达到参与国际竞争的需求。越南战争的遗留问题使得美国意识到,想要重新恢复世界经济和政治的霸主地位变得愈发举步维艰了。另外，20世纪60和70年代美国青年对社会现状和文化现状的逆反情绪使局势进一步恶化。因为介入越南战争，美国在军事和政治的世界领导地位被削弱。从第二次世界大战末到20世纪60年代，美国一直保持着繁荣发展的势头。但这种态势最终被打破，部分原因是战争成本过高，而另一部分原因则是由于受到20世纪70年代石油输出国家组织（Organization of Petroleum Exporting Countries，简称 OPEC）战略政策的影响（Martin，1991，第346—347页）。格思里（Guthrie，1986，第124页）认为1976年至1982年是美国发展的困难时期。在那七年中，美国联邦财政、货币政策以及增长高达五倍的石油价格共同导致通货膨胀率达到了惊人的两位数（61.2%）。除此之外，去工业化进程对社会体系的瓦解也起到了催化作用。各种社会机构（主要是学校）不得不采取措施应对这种局面。人们认为，经济不稳定并持续下滑与国家无效的教育体系之间存在着明显的关联。各行各业的领导者抱怨说，他们无法雇佣到受过良好教育且能在高科技生产领域同德、法、日抗衡的劳动力。和其他国家相比，美国劳动力受教育程度过低，但工资要求却过高。如果美国想要在竞争中立于不败之地，学校教育就必须要更加严格并富有成效（Guthrie，1986，第134页）。

鲍尔斯和金迪斯（Bowles and Gintis，1976）认为，学校能够培养劳动者是教育与资本主义经济之间关系的核心。他们指出教育机构（尤其是学校结构与职业结构之间的对应关系）在美国历史的不同时期呈现出不同的特点和形式。他们进一步指出，资本积累过程、雇佣劳动体制以及从创业到企业经济转型都会引发各种政治和经济冲突，而教育机构的特点和形式也在应对冲突的过程中不断变化着（Bowles and Gintis，1976，第10—13页）。

库班（Cuban，1990，第6页）认为，学校在很长一段时间以来追随的是工商业的发展步伐，学校管理政策也长期受到商业领袖、工业巨头和行业专家的严重影响。在很长一段时间内，企业家、实业家、行业专家及其他"社会精英"都对国家、地方和学校董事会等层面的决策产生明显影响。

莱文(Levine,1985)简要介绍了企业与教育的利害关系：

> 所有企业都一直非常关注美国公立学校的教学质量。当今全球化经济引发的激烈竞争致使社会对劳动力的需求不断增长,雇主很难找到符合标准且具备一定知识、分析及技术能力的劳动者。教育普及直接关系到建立一个民主、自由的社会。
>
> 同样,教育也直接关系到经济的增长。在未来的几年中,发挥公立及私立教育机构的作用,建立高质量的公共教育体系将会是一个巨大的挑战。

下面的引文选自《重塑教育:美国公立学校中的创业教育》(*Reinventing Education-Entrepreneurship in America's Public Schools*,1994)。该书的作者都是成功的商业领袖。引文深刻描述了之前的十年期间美国学生的培养状况:

> 美国全社会对学生的期望值过低,这导致教授给学生的知识非常有限。成人对学生没有过高的要求,学生对自己也没什么期望。这就是美国青少年在与世界其他地区的青少年竞争时没有优势的原因。美国社会应当对学生有更高的期望,要比现在的期望值高很多才行。我们不能帮助他们"逃避"。因为在今后,他们将成为劳动者,决不能逃避责任(Gerstner,Semerad,Doyle and Johnston,1994,第173页)。

2. 20 世纪 80 年代学校改革话语

马丁(1991,第345—354页)在20世纪80年代针对改革的论据中发现存在保守派、自由派和激进派三种观点。在美国教育史上,渐进式改革和保守改革运动非常相似,因为它们提出的教育改革都是为了满足资本主义的经济"需求"。现在,我将详细探讨这三种不同的视角,以便呈现出每种观点的基本假设。另外,我还将介绍一些对改革话语持批评态度的观点。

(1) 保守派观点

在 20 世纪 20 年代、50 年代和 80 年代,强调个人利益和个人竞争的保守派价值观占据主导地位。当时的教育改革致力于提高学校学术标准和效率、加强学校秩序及增加学校成就。保守派希望学校提供一种同步且分层的教育经历。这种做法的初衷非常明确,就是想让学生为不断变化的工作环境做好准备(Martin,1991,第 347—348 页)。

教育质量不断下滑是美国在 20 世纪 80 年代面对的一个重要问题。伯曼(Berman,1988,第 35 页)将当时在教育改革运动中起到催化作用的组织分为三类:①国家机关,如美国教育局(the United States Office of Education);②通过商业联盟进行经营的大型经济组织,如经济发展委员会(the Committee on Economic Development);③主要基金会与其他非营利组织。在 1983 年和 1984 年,这些团体赞助出版了十几份研究美国教育"危机"的报告。其中最有影响力的是国家卓越教育委员会(the National Commission on Excellence in Education)于 1983 年发布的名为《危机中的国家》(*A Nation at Risk*)的报告。该报告的结论和 20 世纪基金工作小组(Twentieth Century Fund Task Force)发布的《联邦教育政策报告》(*Federal Education Policy*)和卡内基教学发展基金会(Carnegie Foundation for the Advancement of Teaching)发布的《教学发展报告》(*the Advancement of Education*)结论相似。这些报告得出的最终结论是美国教育需要进行深入的改革。所有报告都着眼于采取措施提高学校的社会效能,并指出美国迫切需要全面的教育改革(Valverde,1994,第 6546 页)。

就马丁(1991,第 348—349 页)看来,保守派报告并不是要解决美国学校面临的所有问题,而是在试图唤起民众,让他们达成进行改革的共识。确切来讲,这些报告是在尝试让学校更好地迎合不断变化的国际和国内经济需求。例如,经济发展委员会于 1985 年出版了名为《投资我们的孩子》(*Investment in Our Children*)的报告。该报告指出,美国的学校未能给全国儿童提供足够的教育。有些人认为这损害了国家的国际竞争力,因为各行各业不得不一直要花费大量资金对高中毕业生进行岗前技能培训。该报告建议,学校应该优先考虑培养学生的技能并扭转学生对工作的态度。该报告呼吁企业要更多地开展各种校园活动,但并没有提出让企业承担为学校提供经济支持的责任。

为了提高国家竞争力,里根(Reagan)总统建议开展教育改革。他委托一流企业和大学的高级管理人员组成六人特别工作组,专门调查如何通过技术创新和提高企业生产率来提升美国在国际竞争中的地位。该工作组起草了一份题为《提高美国的竞争力:需要举国响应》(*America's Competitive Challenge : The Need for a National Response*,1983)的报告。该报告建议要提高生产率就需要更好地培训劳动者。学校要重视让学生参加社会活动,让他们变得"自律"、"可靠"、"有责任心"并能够进行"团队合作"。该报告也强调需要把教育目标同未来雇主的目标联系起来(Martin,1991,第349—350页)。

1990年,为了制定美国接下来十年的教育政策,布什(Bush)总统和各州州长共同批准了六个旨在解决美国教育失败问题的国家级目标。《2000年目标》(*Goals 2000*)指出:在现代经济中,学生应该学会承担责任、能够终身学习并能高效工作;所有成年人都能够读写,掌握竞争激烈的全球经济所需的知识和技能;到21世纪初,美国学生要在科学与数学领域取得成就、引领全球;高中生毕业率至少要提高到90%;进行强制性考试,让学生对自己的学习负责(Valverde,1994,第6546页)。

(2)自由派观点

在20世纪30年代和60年代,美国教育改革受到自由主义政治价值观的影响,强调性别、社会阶层与种族群体之间机会均等。马丁(1991,350—351页)认为在20世纪80年代的话语中,自由派与保守派形成了鲜明的对比。自由派的改革报告更多地是基于对学校的大量研究,分析学生成绩与学校组织结构、教学实践和课程之间的关系。对于改革，自由派更多关注的是提高学生入学率并减少体制偏见等问题。尽管自由派人士也担心美国丧失竞争优势，但他们主张要进行全面且更平衡的教育改革，而不能狭隘地仅强调基础知识教学。自由派强调认读与计算技能的重要性，并寻求更有效的方式使青年们参加社交活动，使他们能够在这个把阶级划分看作是理所当然的社会中求得一席之地。

（3）激进派观点

鲍尔斯和金迪斯（Bowles and Gintis，1976）认为 20 世纪早期的进步主义教育改革在一定程度上迎合了资本主义经济结构不断变化的需求。然而激进教育改革运动的发起方，即 20 世纪早期的劳动学院，却谴责了这些支持工商业发展而反对工会的公立学校。

马丁（1991，第 351—354 页）认为，"左派"观点中一个相对较小的核心点在 20 世纪 80 年代终于展现出来。政治经济模式下的社会、经济与文化再生产理论成为激进学校教育的理论基础。激进派教育者指出，在资本主义经济的资本积累过程中，学校的作用就是要向社会输送一些能够在不公平的劳动环境和社会体系中工作的毕业生。此外，他们还表明学校已经成为宣扬社会、经济与政治意识形态合法性的重要机构。而且，学校也成为经济生产、知识生产与文化控制的重要机构。

马丁（1991，第 353 页）指出，激进派教育者认为许多保守派改革报告中表达的教育机会均等思想不过是随口说说而已。他们指出受教育机会平等与教育平等是完全不同的。按照目前的情况来看，机会均等的意识形态被禁锢在"卓越"意识形态之下。保守派力图提高对卓越人才的要求，而忽视为资质平平的学生提供补偿性教育计划，这种改革方案在美国这种社会和教育结构中只会加剧不平等性。

（4）对 20 世纪 80 年代改革话语的批判

瓦尔韦德（Valverde，1994，第 6547 页）认为，20 世纪 80 年代的改革提案似乎注定要继续扩大精英人群和大量处于社会底层的学生（大多数无业）之间的差距。20 世纪 80 年代所进行改革的目的是应对经济和国家危机,而改革的结果还有待观察。有些人声称在美国如此"顽固"的制度下,改革可能不会从本质上改变学校教育。失业和经济衰退让美国劳动力的经济竞争力问题成为一个极其重要的政治话题。美国许多部门声称相信学校改革对振兴劳动力市场(会因此带动经济发展)至关重要。因此,越来越多的私有集团(包括商业组织)加入到教育政策的论争当中。金斯伯格等人(Ginsburg et al.,1991,第4—6页)指出教育改革的目的并不一定总是为了能够"取得更好"的结果。他们指出,有些学者只是一味从积极的角度来推测一些可能会实现的结果,认为教育改革的目的就是要提高教育体系的效能和效率、让各部门配合良好并且促进教育公平。但有时,教育改革的最终结果会和最初目标不符,甚至相悖。从某种意义上来讲,我们可以通过促进教育体系与"劳动力市场的衔接"来提高教育体系的工作效能和效率、让各部门配合良好。但事实上,这却有可能会造成甚至会加剧教育和社会不公的产生。此外,不同研究者对改革的结果,也就是教育改革是否能够真正提高教育体系的效能和效率,从而让各部门配合良好持有不同观点。

　　这种把学校教育与劳动力市场联系起来的保守派观点,可能会在教学过程中引起工具性知识与批判性知识之间的冲突。斯普林(Spring,1994,第175—176页)指出:在这种情况下,工具性知识与批判性知识间存在着冲突。这种矛盾意味着如果想要学习某种工作所需要的知识,就不能同时学习一些批判就业经济和政治环境的分析性知识。工具性知识可能会造就只会挣工资的奴隶,而批判性知识可能会造就自由的人。此外,卡诺努瓦和莱文(Carnoy and Levin,1976,第273页)认为,无论是儿童还是成年人都不会理解自己与各种机构(包括学校)间的关系,也不懂如何才能改变这些机构以满足自己的需求。学习结构和教学内容由代表一定阶级利益的国家官僚机构设定,而学校则是为这些阶级利益服务的。国家组织正规学校教育在很大程度上满足的是那些控制国家机器集团的需求。另外,他们还认为,长期贫困、失业以及入学差异并不是资本主义发展低效的结果,而是资本主义发展的直接产物(Carnoy and Levin,

1976,第 280 页)。

戴维(David,1992)声称,右翼教育政策将带领美国进入一个新时代,而在这一时代中几乎没有平等的权利和机会可言。20 世纪 90 年代将会充斥着个人竞争、消费主义和教育不平等。这个时代一定会存在阶级、种族和性别等方面的诸多社会矛盾。然而在美国,一个主张追求传统意义上美国梦的新运动对以上这些趋势产生了影响。许多人希望扭转 20 世纪 80 年代强调私营机构和个人利益的倾向,力争让学校"成为真正的公共空间和真正的民主机构"。我们很难预测国家政策带来的后果。人口发展趋势和社会经济环境的改变可能会妨碍保守教育政策的贯彻。这个新时代可能会有所改变,然而,鉴于保守教育政策的发展状况,改变的机会似乎是微乎其微的(David,1992,第 228 页)。我自己的研究证实了戴维的预测:保守派政策似乎非常受欢迎。在美国,对保守价值观的呼吁比对权利和机会平等的呼吁更响亮,而世界上许多其他发达国家也出现了类似的趋势。

总之,对经济和教育之间关系的历史回顾为我们揭示了一些开展创业教育的背景知识。也许和我们的预期正相反,一些企业的主流观点并不一定支持创业教育,因为它可能不会"培养"出企业想要的那种善于服从的劳动者。毫无疑问,各种观点之间的论争直至今日尚未停止。在本研究中,我会进一步呈现各种与当今创业教育论争相关的研究视角。追溯不同观点产生的根源可以帮助我们更好地理解目前存在的多种观点,并在文化背景中找到产生不同观点的原因。下面我将回顾创业精神是如何在美国文化中生根发芽的。

(二) 美国民众对创业持有的看法

自由市场经济是支撑起当今美国社会的一块奠基石。威尔肯(Wilken,1979)认为,在 1810 年后,美国国内市场为其工业化提供了最初的动力,经济发展与人口快速增长两大因素的结合又加速了工业化进程,而大量涌入的移民解决了劳动力不足的问题。此外,很多在科技、组织、材料与产品方面的创新又进一步推动了美国工业化的发展。威尔肯还认为,美国创业者擅长开展一些与美国环境密切相关的创新活动。美国创业的特点是创业初期及随后的发展相对来说都比较容易,美国的创业者似乎拥有更多创业机会。在美国,类似于白手起家、创立商业帝国的成功故事比比皆是(Wilken,1979,第191—220页)。很多外国人会认为美国人是天生的企业家,并且美国社会极力支持国人创业。那么,美国人自己又是如何看待当今社会中的创业问题呢? 接下来,我将回顾最近一次对主要利益相关者就以上问题所做的调查,该调查可以代表美国人对创业所持的看法。

尤文·马里恩·考夫曼基金会(Ewing Marion Kauffman Foundation)的创业领导中心(Center for the Entrepreneurial Leadership,简称为CEL)公布了针对创业教育所做的第一次全国盖洛普民意调查报告,标题为《关于美国高中生、普通民众、小企业主和公司经理观点的盖洛普民意调查报告》(*A Gallup Survey Report on the Views of High School Students*,*the General Public and Small Business Owners and Managers*,1994)。下面我将回顾这份报告的内容,并以此说明美国人对于创业以及本国小企业经营的看法及态度。

该调查的对象分为三个群体:高中生(602人)、普通民众(600人)、小企业主和公司经理(204人)。调查让他们就以下问题发表自己的看法,包括如何看待创业、创业和商业知识以及教育在创业和商业中的作用等。在这项研究中,最引人注目的一个发现就是高中生对于创业的兴趣以及他们对创业教育的渴望。70%的高中学生想要自己创业。不过,他们创业的最主要动机并不是为了赚钱,而是为了获得独立。43%的高中学生认为创业最重要的一点是有机会"自己当老板",只有18%的学生说赚钱是他们创业的主要动机。普通民众的观点和高中生的观点相似,51%的受访者认为获得独立是他们创业的主要动机。然而,虽然许多学生表示非常想要创业,但调查显示他们的创业知识却严重匮乏。对这三个群体的调查表明,美国学校应该更多地教授学生如何创业。每组都有超过

80％的受访者认为创业是一门重要学科（第1—2页）。

三组受访者都一致认同成功企业除了应该提供就业机会，还应该回馈社会。99％的高中生认为企业能够支持所在的社区是非常重要的。所有三组受访人群都表示更倾向成为小企业经营者，而不是大公司的经理（第3页）。

四分之三（74％）的普通民众认为小企业能起到积极作用。三分之一（33％）的普通民众表示他们最喜欢美国小企业提供的客户和个人服务。43％的高中生在被问到喜欢小企业的哪方面时，他们要么说不太了解，要么回答"没有喜欢的方面"。当小企业与大企业相比较时，所有小组对小企业持有的积极评价都多于消极评价。为小企业赢得最多好评的是其可以提供满足客户需求的服务（第2—6页）。该研究还表明超过四分之三（77％）的普通民众和超过半数（57％）的高中生表示他们认识小企业经营者。普通民众和高中生组都有约三分之二的人表示，他们认识的小企业经营者是自己的朋友或亲戚（第10页）。

在回答创业知识问题时，普通民众组答案的正确率达到了50％，而高中生与小企业主组分别达到了44％和74％。关于创业者的"正确定义"，三组中大多数人都认为是拥有小企业的人。不过，这些题目的备选答案设计得过于明显，因为其他几个选项分别是大型公司经理、管理机构的政府官员或上述答案的结合（第32—33页）。61％的普通民众与53％小企业主和经理选择支持人们创业，但只有30％的高中生选择鼓励人们创业。学生对创业更加谨慎，这反映出他们还比较年轻且缺少商业或工作经验（第23页）。

以上这项调查提供了一个当今美国人对创业所持看法的样本。该研究表明年轻人对创业非常感兴趣，但缺少相关的知识与技能。他们创业的主要动机是获得独立，而不是金钱收益。绝大多数受访者（超过80％）表示，学校应该教授更多的创业知识。接下来，我将介绍当今美国社会的创业情况。

（三）美国社会中的创业情况

　　创业者是国家经济机车的燃料、引擎和节流阀（Timmons，1990）。

　　在美国，创业文化氛围非常浓厚。小企业文化传统悠久，并且社会价值观支持民众开展创业活动。美国的基本价值观在国民经济发展中得到了最好的体现。和其他因素相比，美国经济更强调争取独立自由、创业自由以及追求经济上成功的权利。在美国，雇员少于 500 人的小企业有2,200 万个，它们代表了美国经济中非常重要且不断发展的部分。美国小企业管理局（US Small Business Administration）宣布，在 1987 至 1992年间，小企业提供了几乎所有的新增就业机会。小企业雇佣的员工占私有企业劳动力的 53%，销售额占全部销售总额的 54%。从计算机软件到新型食品，三分之二的创新产品都来自于小企业（Ashmore，1996，第35 页）。

　　根据创业研究联盟（Entrepreneurial Research Consortium，简称ERC）提供的数据，约 37% 的美国家庭中有成员建立了企业、正在尝试创业或是在资助小企业。为了评估美国的创业水平，创业研究联盟在 1996年 8 月到 10 月期间调查了 754 个家庭。研究发现超过 3,500 万美国家庭成立或经营小企业，这个数字是研究者预期数字的两倍。该调查清楚表明，美国新成立企业和参与小企业经营的人数比预期数字高出很多。该研究证实，当时美国有 460 万个家庭（约占全国家庭总数的 5%）正在努力进行创业（Selz，1996，第 B11 页）。

　　1988 年，美国成年人总人口约 1.2 亿，其中超过七分之一的人选择了自我雇佣。此外，数以百万计的美国人心中都有一个为自己工作的梦想。自我雇佣会让人对自己、工作以及所赚取的报酬感到格外满意。因此，有那么多人怀有创业梦想也就不足为奇了。在美国，自我雇佣者呈现出的自我满足感、自豪感、面对的挑战以及获取的报酬水平都是最高的。人们喜欢的似乎就是创业本身，因为自我雇佣能够鼓舞、激励人心并且意义非凡。另外，美国百万富翁的人数在 1988 年达到近两百万之多，其中大多数人都是通过创业积累的财富（Timmons，1990，第 3 页）。

在过去的几十年里，美国的创业浪潮给个人乃至全社会都带来了前所未有的利益。1988 年，美国涌现出大约 130 万个一人或多人创立的新企业。人口统计学家估计，到 2000 年美国公司将会在 1988 年的 1,800 万个的基础上实现显著增长，总数将达到 3,000 万个。在美国，几乎所有新增就业岗位都来自这些新近成立且不断发展壮大的公司，而不是来自那些著名的大型公司。在 20 世纪 70 和 80 年代，美国新增加了 3,600 万个工作岗位，而欧洲则处于工作岗位紧缺的状态中。自第二次世界大战以来，50％的创新以及 95％的突破性创新都来自于新成立的小企业。美国经济出现了两个明显的新趋势：①女性开始质疑传统工作领域的束缚，并试图通过探索创业机会来寻求替代性的工作领域；②五六十岁的人并不打算退休，而是想在小型且更具创业精神的环境中开启第二次职业生涯（Timmons，1990，第 4—5 页）。

美国可以说是一个真正的创业型社会。即使在经济衰退期，小型和新兴企业也仍然可以扩大规模并增加工作岗位，而大型、成熟企业却被迫缩减规模，向经济衰退妥协。德鲁克（Drucker，1984）把这种创业发展归因于以下几个因素：新技术发展、新产业发展以及美国人在所有经济层面上进行创业的意愿和能力。

（四）创业教育的早期发展

根据研究维度组织（the Research Dimension）做的报告《今天要为明天成为企业家做准备：美国青年创业教育情况》（*Preparing Tomorrow's Entrepreneurs Today：The Status of Youth Entrepreneurship Education in America*，1996），美国的各个历史阶段都为当今美国青年人埋下了创业精神的种子，而这颗种子在最近各种力量的联合培育下生根发芽。这些联合力量包括联邦政府、美国慈善事业、教育改革以及经济、社会和政治环境的改变。报告称,小企业社群、普通民众以及青年人自己都呼吁应进一步培养青年的创业精神。据说,创业教育课程建设是自 20 世纪 60 年代末以来所有美国课程中发展最快的部分(CELCEE,1997)。有些人认为,从传统意义上讲,创业教育特别适用于职业教育、职业生涯教育(Lankard,1991)或职业技术教育(Imel,1989)。

阿什莫尔(Ashmore,1990)曾说过,美国教育部与美国商务部在 20世纪 80 年代初共同资助过一个重要项目,即在 20 个主要城市开展创业教育和培训专题研讨会。与此同时,美国教育部发布了一个政策性文件,号召将创业教育纳入到职业教育当中。据阿什莫尔说,这一政策说明该计划将对其他公立学校的教育工作者起到引领作用(Ashmore,1990,第222 页)。

据龙施塔特考证(Ronstadt,1990),美国商学院招收第一批学生的时间可以追溯到 20 世纪 40 年代。在 20 世纪 70 年代初,商科院校有了极大的发展。到 1985 年,创业教育这一学科已初具规模(Ronstadt,1990,第 70—72 页)。在 20 世纪 80 年代早期,百森商学院(Babson College)、贝勒大学(Baylor University)和南加州大学(University of Southern California)等高等院校都举行过针对创业教育的大型会议。1983 年,哈佛大学举办了一场以《什么是创业以及该如何教授创业?》(*Entrepreneurship*:*What It Is and How to Teach It?*)为专题的座谈会。1984 年俄亥俄州立大学出版了《国家创业教育行动议程》(*A National Entrepreneurship Education Agenda for Action*)一书。同年,为建立一种使大学能够吸引和支持创业教育工作者的机制(Ronstadt et al.,1990,第 2 页),普莱斯创业研究院(the Price Institute)开展了"普莱斯与百森商学院研究员计划"(*the Price-Babson College Fellows Program*)。

在 20 世纪 80 年代,创业教育领域开展了一系列相关活动。龙施塔特、佩拉斯卡和韦尔什(Ronstadt,Plaschka,Welsch,1990,第 2 页)将这些活动一一列举出来,包括年度企业家计划、创业意识计划、圆桌午餐会、研讨会、职业教育、学生创业俱乐部、企业赞助、基金捐赠、大学校园孵化器、创业者校友群、企业论坛、志愿协助计划以及工作坊等。他们认为这些活动有一种共生关系。他们还指出，创业领域的学者界定了创业、内部创业（intrapreneurship）（Pinchot，1985）、代际创业（interpreneurship）（Hoy，Reeves，McDougall and Smith，1989）以及信息创业（infopreneur）等概念，并且还对其他一些概念进行了区分，这是创业教育领域走向成熟的另一个标志（Weitzen，1988）。

创业教育领域发展的另一个迹象是，在 20 世纪 80 年代后期，与创业相关的文献大幅增加。龙施塔特等人（1990）表示，当时至少有 12 本创业学术期刊，如《创业理论与实践》（*Entrepreneurship Theory and Practice*）、《创业风险杂志》（*Journal of Business Ventruing*）和《小企业管理杂志》（*Journal of Small Business Management*）等。另外，当时在美国召开各类与创业相关的年度会议约 20 次，发表会议论文约 700 篇。在过去十年中，美国研究者出版了很多创业研究文集，如《创业前沿》（*Frontiers of Entrepreneurship*）、《创业百科全书》（*Encyclopedia of Entrepreneurship*）以及一些专业协会的会刊论文集等。此外，在美国人们还成立了 20 多个创业组织机构，其中小企业国际委员会（International Council for Small Business，简写为 ICSB）及其美国分会——美国小企业与创业协会（United States Association for Small Business and Entrepreneurship，简写为 USASBE）（Ronstadt et al.，1990）是最重要的两个组织。

二、美国主要文献对创业教育概念的建构

本小节探讨的是第一个研究问题：美国主要文献是如何建构创业教育概念的？在本研究中，我并不是要找到一个被人们广泛认可的创业教育概念，而是要从不同的角度来探讨创业教育的概念。例如，我们可以回顾创业领域的权威学者是如何界定创业教育概念的；也可以借助不同级别政府（联邦、州以及地方政府）所制定的政策来分析创业教育概念，来判

断各级政府对创业教育的态度;或者也可以通过调查各种项目,找到创业教育概念界定的区别。不过,这些方法都还只是从一个分析层面上解释创业教育概念。本研究则是要尽力找出创业教育概念界定的全貌。创业教育概念具有复杂性,因此我对创业教育定义的探讨包括三个层面,分别是系统层面、组织层面和参与者层面。从系统层面看,人们把创业教育界定为一个体系;从组织层面看,创业教育侧重的是知识传授;而从参与者层面看,创业教育定义则侧重个人对创业教育持有的期望上。在后文,我将分别列举描述这三个层面定义的文本实例。

在北美,创业教育的通用术语是"entrepreneurship education"。尽管创业精神已经深深根植于美国社会,但学术文本表明仍有许多人不熟悉创业教育概念。目前,人们对创业教育概念尚没有达成普遍共识,他们试图通过给出"创业"的概念来界定创业教育。不过,目前学术界对"创业者"和"创业"的概念也未能形成广泛认可且简洁明了的界定。不过,人们一致认为创业者具有共同的性格特征,如主动性、创造力、冒险能力、积极性、独立性以及远见卓识(Noll,1993,第 3 页)。肯特(Kent,1990)提醒我们,创业概念不应该被限定在创办小企业的范畴内。他建议应该通过创业的结果而不是一些创业概念所描述的宽泛特征(如大型及小企业的创新活动)来界定创业教育(Kent,1990b,第 187 页)。

(一) 系统层面定义

在系统层面上,人们通过创业教育在国家经济中发挥的作用来解释创业教育。然而,经济学家还没有对创业教育进行界定。他们探讨的是国家需要创业者来改善经济并认为教育是培养创业者的有效途径。尽管如此,商界也认识到目前对创业者或创业还没有形成一个总体的界定。

拉欣(1990,第 36—37 页)指出,在目前经济环境下,设计有效的创业项目将有助于产生更多积极的创业者。他为美国学校推荐了两种创业教学方法:一是要基于历史背景,并在经济历史中描述创业的作用;二是要基于这样一种假设,即教学能够培养和提高与成功创业相关的特质,并能够教授创业者一些必要的生存技能。拉欣认为，创业教育的重点是要培养学生创新、冒险、想象、解决问题及做决策的能力。这两种方法并不相互矛盾。第一种方法从广度上拓宽了人们对创业的认识，并有助于理解创业者的作用；而第二种方法能够发展并扩充经济发展所需的创业人才库（Rushing，1990，第 34—38 页）。

开设经济教育与企业管理课程被认为是美国创业教育的传统方法，这是因为在美国，创业培训在学校课程中大多属于经济课程。海莉（Hailey，1994）和卢克斯（Louks，1988）认为，小学创业教育课程旨在培养学生的市场经济意识、引导其认识小企业在经济中的作用以及带领学生进行简单的商业模拟训练。中学阶段会开展一些体验或实践课程，让学生建立并经营一些小企业或开展校内商业经营活动（如校园商店、复印服务等）。

为厘清混乱的概念，全国商业教育协会（National Business Education Association，简称为 NBEA）在 1995 年把九个创业教育标准列入了《国家商业教育标准》（*National Standards for Business Education*）当中。创业教育被看作商业教育的一个组成部分，因为它能够教授学生识别商业机会，并在此基础上创立和经营企业。此外，人们认为创业教育与商业教育是天作之合，因为它包含了商业（如会计、金融、市场营销和管理）和环境（如法律与经济学）等多种功能性领域，这些都有助于个人开展创业活动。九大标准涵盖了小学、初中和高中各种水平的创业教育，其中每一项标准又分别设立了四个层次的具体能力标准和预期标准，涉及市场营销、经济学、金融、会计、管理、全球市场以及法律和商业计划等多种课程（NBEA，1995，第 77—90 页）。

（二）组织层面定义

在美国，人们是如何组织创业教育以实现其设定的教学目标的？从组织层面上看，与商业相关的最著名且得到广泛认可和推广的是"学校至职场项目"（School-To-Work）及"校企合作项目"。然而，虽然这两个项目都包括创业的多种要素，但都不是完全意义的创业教育项目。除此之外,我还将介绍一些专门针对如何开展创业教育的项目型教学法。

《1994 年学校至职场法案》(*the 1994 School-To-Work Act*)的通过为高中创业教育的资金投入提供了潜在的推动力,但目前尚不清楚公立学校学生对这些项目的实际参与度。高中阶段的项目主要针对的是那些接受职业教育的学生(Research Dimensions Inc.,1996,第 3 页)。"学校至职场项目"的核心是为学生在小学到高中期间提供真实的工作经验,让学生掌握知识和技能,使他们在生活中成为高效的工作者、有责任感的公民、知识渊博的消费者、谨慎的储蓄者和投资者、全球经济中的有效参与者以及生活中有能力的决策者(Saunders and Gilliard,1995)。隶属于教育发展学院(Academy of Educational Development,简称为 AED)的工作与学习国家研究所(National Institute for Work and Learning,简称为 NIWL)进行了为期四年的关于学校至职场过渡教育改革的研究(Study of the School-To-Work Transition Education Reform)。该研究发现,要让学校至职场的过渡系统真正发挥作用,有 12 个因素至关重要。而其中只有第五个因素,即自主决断力间接或部分地与创业相关。在所选的 14 个国家级学校至职场过渡改革项目成果展示研究案例中,仅有两个项目的研究重点与创业相关(National Institute for Work and Learning,1996)。

因为增加了企业与教育机构之间的合作,校企合作项目成为另一个被高度宣传的学校改革成果。全国商业联盟(the National Alliance of Business)与全国教育合作伙伴协会(National Association of Partners in Education)的主要工作是跟踪美国数以百计甚至数以千计的参与校企合作的企业。在《波士顿协议》(*the Boston Compact*)下,美国成立了各种从相对简单的个人企业到高度复杂的多机构社区合作型企业。《波士顿协议》签署于 1975 年,它的签订促成了很多社区合作型企业的建立。在美国,人们强调公司给予学校和学生更直接的帮助,如公司职员对学生一对一的指导、成为学校的义工以及捐赠教学设备等活动(Hirch,1992,第 14 页)。

虽然"学校至职场项目"和"校企合作"都包含创业的成分,而且这两个项目促进产生出许多其他的创业教育项目,但这两个项目本身并不是专为促进年轻人创业而设计的。

目前所进行的大多数项目都始于 20 世纪 70 年代。不过,国际青少年成就组织(Junior Achievement)和国家经济学教育委员会(the National Council Economics Education)这两个机构早在几十年前就已经开始展开自己的项目。不过,这些项目的重点通常都是经济学而不是创业(Research Dimensions Inc. ,1996,第 1 页)。因此,很多所谓的创业教育项目实际上只是商业管理或经济教育项目。虽然有些项目取得了一定成效,但它们都"偏离了创业过程的核心,因为在此过程中存在小组、老师和学校的各种干预,这使学生经验积累严重不足"(Kourilsky and Carlson,1997,第 195 页;Kourilsky,1995,第 14 页)。此外,职业教育培训中心(the Center on Educational Training for Employment)项目总监约翰·贝布瑞斯(John Bebris)也认为,大多数项目都没有达成最终的目标。贝布瑞斯说,"除了商业语言,学生什么都没学会"。贝勒大学(Baylor University)私营企业中心(the Center for Private Enterprise)主任卡尔文·肯特(Calvin Kent)认为,"要让项目奏效就必须让孩子真正去冒风险,并且必要时要让他们经历失败"(Hartman,1989,第 54 页)。当然,为了满足当前的需求,最近很多一直只教经济学的组织已经在项目中添加了各种创业教育的要素。

联邦、各州和地方的许多项目都声称会开展创业教育。这些组织虽然没有明确创业教育的定义,但我们可以从其任务陈述中或多或少地看到他们的观点。如宾夕法尼亚经济教育委员会(Pennsylvania Council on Economic Education)在《管理:通过创业学习经济学》(*Taking charge*:*Learning Economics Through Entrepreneurship*)项目中表示:

> 开设管理课程(Taking Charge,简称为 TC)的目的是帮助学生了解创业者在市场经济中的作用,增强学生的自尊心和能动性,并培养他们将创业作为一种职业选择的意识(Scahill,1993,第 168 页)。

美国创业教育研究所(Institute of Entrepreneurial Education,简称为 IEE)掌握的创业教育项目的开展方法是最全面的,它承担的是马里恩·考夫曼基金会创业领导中心(CEL)的任务,该中心为激发人们的创业兴趣提供教育和资金支持。该研究所推出创新举措以培养学生的创业意识、帮助他们为创业做好准备、增加个人实际经验、帮助培养 K-12 教育阶段及社区大学学生的创业思维和创业行为。为培养青年一代的创业思维和行为,该研究所着眼于从传统教育系统的内部与外部同时开展项目(Center for Entrepreneurial Leadership Inc.,1996)。

> 总体目标始终是给青少年提供最有用的工具和最相关的技能来创办成功的企业,从而提升美国的创业规模(Kauffman Foundation,1996,第 28 页)。

尤因·马里恩·考夫曼基金会创业领导中心(CEL)和加州大学洛杉矶分校共同开发了一个合作项目,并于 1996 年 1 月建立隶属于教育资源信息中心(ERIC)的创业教育交流中心(CELCEE)。创业教育交流中心对创业教育的界定是:

> 创业教育是为个人提供概念和技能,帮助其抓住那些被他人忽略的机会的过程。在此过程中,培养学生的洞察力和自尊心,让其能够在他人犹豫不决时采取行动;指导学生识别机遇,在风险面前整合资源以及创立企业;指导学生了解企业管理全过程,如企业规划、资本开发、市场营销以及现金流分析等(CELCEE,1997)。

（三）参与者层面定义

参与者层面定义关心的是如何确定创业教育的内容,也就是,人们希望从创业教育中学到什么? 诺尔(Noll,1993)认为:

创业或小企业管理的传统要素仍然包括自我评估、构思创意、制定市场营销策略、财务与组织计划以及经营企业。

为了满足 21 世纪的新要求，诺尔补充道：

创业教育概念应包括内部创业、全球竞争、社会环境、法律问题以及政府在未来针对创业者或小企业主制定的规章制度的效力等（Noll，1993，第 5 页）。

俄亥俄州立大学的国际创业教育联盟（International Consortium for Entrepreneurship Education）所持的理念是：创业是一个终身学习的过程，其中包含至少五个不同的发展阶段。这一终身学习模式做了这样一种假设：美国教育系统在教育初期阶段为所有人提供受教育的机会，而后期的几个阶段则是为那些选择创业的学生设定的。在前两个阶段，教育的重点是提高创业意识、发展基本技能、明确职业选择、了解自由企业制度以及培养某些创业能力。在第三个阶段，教育的重点是与别人合作，开发如何创造性地执行创业创意并为创业做好准备。在最后两个阶段，教育的重点是让学生在成为创业者之前获得一些工作经验并获得未来职场所需的教育和培训（Ashmore，1991）。

创业教育研究所（IEE）主任玛丽莲·库里尔斯基（Marilyn Kourilsky，1995）明确了"真正创业"的三个关键特质：

① 识别商机、找出创业创意（服务或产品）并抓住机遇；②在追求商机、面对风险时能够整合及投资现有资源；③创办企业机构，寻找机会践行自己的创业创意。库里尔斯基承认之所以提出这三个特质是受到萨尔曼和史蒂文森（Sahlman and Stevenson，1992）的启发。他们还提出了另外一个特质，即获得企业利润（Kourilsky，1995，第 13 页）。

　　库里尔斯基认为想要取得成功,应该针对上述三方面进行成功的创业教育。

　　总之,美国创业活动数量巨大且国家教育体系权利比较分散,这自然就使美国的创业教育定义支离破碎、不成体系,从而容易让人们产生误解。本章曾提过美国民众很大程度上忽视了创业教育,这往往会给人们留下一种印象,即美国在教育"质量控制"方面比较薄弱。美国的确没有国家级的创业教育体系,也没有国家教育政策来规定创业教育内容,但它却有国家层面的创业参与者,如全国商业教育协会(NBEA)、创业领导中心(CEL)及国际创业教育联盟(International Consortium for Entrepreneurship Education,简称为ICEE)。这些组织都尝试过界定创业概念,只不过并没有成功地形成统一的标准。为回应商界的呼吁,全国商业教育协会(NBEA)制定了国家创业教育标准。创业领导中心(CEL)关注的是全面进行创业教育,而国际创业教育联盟(ICEE)则把创业教育看作是关乎个人发展的终身性学习过程。在美国,多种概念并存是可以理解的,因为整个社会就具有高度的分散性。它能容忍多样性的存在,并允许社会不同的地区制定自己的规则。

　　本研究的目的并不是要整合多种概念以达成共识,而是要为新理念开辟空间。另外本研究是要进行国家间的对比,因此在某种程度上也允许概念多样化的存在。吉布(Gibb,1993,第29页)对美国的创业教育目标加以总结,认为"美国的创业教育显然有自己的首要目标,即培养创业意识、理解自主经营企业所有权及自主企业的创立动机"。但肯特似乎要尝试打破这个定义,他建议应该通过创业结果而不是创业概念所描述的一些宽泛特征(如大型及小企业的创新活动)来界定创业教育(Kent,1990b,第187页)。国际创业教育联盟把创业教育视作一个终身学习的过程,这种主张更接近欧洲的概念。表4-1是本小节梳理过的文献来源汇总表。

表 4-1　建构美国创业教育概念的相关文献

系统层面定义
拉欣(Rushing,1990)
全国商业教育协会(National Business Education Association,1995)
海莉(Hailey,1994)
卢克斯(Louks,1988)
组织层面定义
研究维度(Research Dimensions,1996)
斯卡希尔(Scahill,1993)
考夫曼基金会(Kauffman Foundation,1996)
创业教育交流中心(CELCEE,1997)
参与者层面定义
诺尔(Noll,1993)
阿什莫尔(Ashmore,1991)
库里尔斯基(Kourilsky,1995)

三、美国主要文献就创业教育基本原理展开的学术论争

本小节将探讨与创业教育基本原理相关的第二个研究问题:我们应不应该开展创业教育? 为了解关于这一问题的学术论争,我回顾了一些直接或间接探讨美国创业教育基本原理的文本。事实上,除了"专家型文本",很难找到直接探讨创业教育基本原理的文本。本研究参考的很多文本都表示应该提升人们的创业精神。对此,我认为这些文本就是在间接提倡创业教育。本研究文本的选择标准取决于文本的综合性和显著性。大多数文本都来自隶属于教育资源信息中心(ERIC)的创业教育交流中心(CELCEE),该交流中心拥有全美(也可能是全世界)最全面的创业教育文本。此外,除了一些"专家型文本",我还搜索了大量数据库搜索以获得更多非主流的观点。为获得更全面的文本,我把相关学术论争的文本全部收集在一起,并同时整理了报纸和杂志的文章。在研究过程中,我遇到的另一个困难是大多数关于创业教育的文本观点过于分散。研究者关注的仅是某一研究兴趣点,其观点又可能会交叉属于两个或更多的研究类别。针对这种情况,我采取的对策是根据论据将这样的文本划归到特

殊观点的类别中,这样就可以得到全部有代表性的类别。因此,本研究的分析要素是论据,而不是整个文本。根据是否支持创业教育以及创业教育的目的(促进社会进步或个体进步),我将这些文本进行分类和归档。在第三章研究方法部分,我已经详细介绍过维度划分的基本原理。接下来,我会按照分类逐一介绍文本。为了让读者对这些论据一目了然,我将一些直接引用以段落缩进的格式呈现出来。

(一) 支持创业教育的论据

支持甚至大力提倡创业教育的文本在美国的相关学术文本中占据主导地位。这种支持倾向的出现既是因为合意性感知[1](Perceived Desirability),也因为在实践中这种观点会得到利益相关者的认可。按照目的,这些支持创业教育的论据可以划分为有助于社会进步和个体进步两个维度。大多数支持性文本似乎都是围绕第一个维度加以论述的。不过,有些文本中的观点兼顾以上两个维度。现在,我将分别介绍每一维度下论据的分类情况,并同时提供该维度下的文本实例。

1. 创业教育有助于社会发展

根据这种观点,我们可以把论据分为国际、国家和地方发展三个层面。这些类别观点的共同之处是它们都认为创业是社会经济得以发展的关键性因素。

(1) 创业教育有助于国际社会发展

该类别的论据支持创业教育,因为在当今世界经济中创业教育对于国家经济发展至关重要,这些论据探讨的是在国际贸易市场中国家的生存和竞争力问题。而下面所给的第三个例子直接向美国公民展示,所有国家都应该提倡让民众开展创业活动,这样可以实现整个国际社会的整体利益。

克鲁策尔和查维斯(Kruzel and Chavez,1991,第 91 页)就国际市场

---

[1] 合意性感知(也可译为"希求感")指的是创业活动对个体的吸引力。

会如何影响某个国家的创业教育给出了一个概述性的观点：

> 如果学生想要在 21 世纪经商，那么他们接受的创业课程当中必须要包括国际市场这一概念。随着自由企业在世界各地发展壮大，企业想要获得成功、在国际舞台上获得一席之地就必须具备一些关键要素。对于从事产品出口业务的小企业来说，打入国际市场可能是一个适合的发展方向。建立持久的个人关系、形成不同的价值观及道德观也可以吸引许多国外客户。所以，小企业也应重视国际市场，因为企业的持续盈利可能会取决于海外贸易。

下面的第二条文本实例表明：创业教育对于提高国际贸易的成功率是必不可少的。巴迪和诺卡（Buddy and Nowka, 1995，第 9 页）解释了《北美自由贸易协定》[1]（North American Free Trade Agreement，简称为 NAFTA）和《关税及贸易总协定》[2]（General Agreement on Tariffs and Trade，简称为 GATT）实施之后发生的一些变化：

> 在执行《北美自由贸易协定》和《关税及贸易总协定》的今天，创业精神背后的因素——拥有自己的企业，做自己的老板——也被赋予了新的意义。企业家必须学会用国际视角看问题才能在商界拥有竞争力。想要把握商业机会就需要了解全球经济原则、国际贸易与金融以及世界贸易会带来的利益。

研究者们阐述了全球化如何在 20 世纪 90 年代成为经济学和创业教

---

① 《北美自由贸易协定》是美国、加拿大及墨西哥在 1992 年 8 月 12 日签署的关于三国间开展全面贸易的协定。协定于 1994 年 1 月 1 日正式生效，并决定自生效之日起在 15 年内逐步消除贸易壁垒、实施商品和劳务的自由流通，以形成一个世界最大的自由贸易集团。

② 《关税及贸易总协定》，简称关贸总协定，是 1947 年由美国、英国、法国等 23 个国家在日内瓦签订的关于关税和贸易准则的多边国际协定。

育中的关键概念。为支持以上观点，他们使用了文献综述来预测全球自由贸易趋势以及创业在国际商业中的作用（Buddy and Nowka，1995，第10页）。

库里尔斯基（1995）指出，联合国已经发现鼓励国际社会各国促进本国开展创业活动的重要性：

> 第四十八届联合国大会通过一项决议——《以创业和私有化促进经济增长及可持续性发展》（*Entrepreneurship and Privatization for Economic Growth and Sustainable Development*），鼓励成员国提倡创业并赢得当地企业的支持。该决议反映出国际社会日益意识到"对于一个国家和民族而言，点燃创业精神的火焰就像是授之以渔，而非仅仅是授之以鱼"（Kourilsky，1995，第 13 页）。

（2）创业教育有助于国家发展

该类别的论据支持创业教育，认为它有益于国家经济和社会发展。鉴于美国已经从工业型社会转变成为信息和服务型社会，创办小企业为提供就业岗位、创新以及提高生产力开辟了一条新的道路。在这种新形势下，创业教育被看作是一个可以振兴经济、增加就业以及刺激国家发展活力的可行性策略。在很多情况下，创业教育被看作是社会中一个重要的经济发展工具。

弗朗西斯（Francese，1993）从宏观社会角度提出了自己的观点。他声称美国增加创业的时机业已成熟。他提出近期的经济条件最有可能激发人们进行大规模的创业。以下三种变化会极大提升创业的吸引力：

① 人们普遍相信企业管理型工作岗位正在逐渐消失；

② 建立新企业的成本大幅下降；

③ 政府出台了有利于建立新企业的低利率和税法修改提案。

创业者是一个能够促进创业和经济发展的重要群体。他们相信创业，而环境越有利，创业者和企业就会有越好的发展。彼得斯（Peters，1995）强调冒险精神在美国商业和技术发展过程中的重要性。他说自己相信：

> 冒险可以增长知识并促进创新，而极端保守的商业行为只会限制经济、社会和技术的发展。在过去的二十年里，冒险带来的失败往往会让美国人总是寻求一种无风险的环境。但不幸的是，这只会带来一个"缺乏创造力的社会"。

创新是区分创业者与非创业者的一个关键特征。创业者应该善于看到机会并采取相应的行动。另外，如何培养学生拥有合理的冒险能力是创业教育的一个关键话题。

1984年，罗伯特·沃辛顿（Robert Worthington）在全国创业论坛（National Entrepreneurship Forum）上，从联邦政府的角度以《围绕创业教育的关键问题：现在、过去和将来》（*Critical Issues Surrounding Entrepreneurship Education—Present, Past, Future*）为题做了一次鼓舞人心的演讲：

> 在我们的教育系统中注入创业理念具有很好的教育导向性，正如未来学家约翰·奈斯比特（John Naisbitt）设想的那样，我们即将迎来创业型社会。创业教育的确会让美国人，尤其是年轻人了解美国的经济体制、职业道德以及自己的人生机遇，也会让他们具备经营企业的能力（Worthington，1984）。

最近一篇报告显示，创业教育问题已经引起美国联邦政府的关注：

> 1986年小企业白宫会议（White House Conference on Small Business）提议，联邦政府应该鼓励全社会在教育的各个阶段（包括小

学阶段)提倡创业教育和自由企业体制教育(Pennsylvania Council on Economic Education,1994,第 7 页)。

从事创业教育的库里尔斯基(1995,第 11 页)提出了谋求国家利益的基本原理。对于为什么当今创业教育对青年人和国家会如此重要的问题,她给出了答案。库里尔斯基认为,创业教育的重要性来自于以下三个方面:

① 人们对创业教育有需求;

② 创业教育有助于"创造就业机会";

③ 创业教育可以通过创造就业机会促进经济发展。

前文提过的全国盖洛普民意调查(1994)证实人们对创业教育是有需求的。将近百分之九十(86%)的高中生认为自己的创业知识处于"非常差到一般"的水平(创业知识考查平均得分率仅为 44%)。约百分之八十(80%)的高中生认为学校应该教授更多的创业知识。约百分之七十(70%)的受访学生说他们想要创业(Kourilsky and Carlson,1997,第193—194 页)。库里尔斯基认为,当前学校主要是教会学生要具有"求职心态"。然而,针对目前企业裁员的现状,学校还应该教会学生具有"创造工作岗位的技能与心态"。在 21 世纪,小企业(而不是大企业)将凭借创造就业机会和创新产品、创新服务的优势成为国家日益依赖的主要经济发展"引擎"。创业教育课程是否能够取得成效,关键取决于那些具有创业动机的学生们(Kourilsky,1995,第 12 页)。

申克勒(Shickler,1997)从社会发展角度提供了另一层面的论据。他在主持《创造卓越教育设计》(*Educational Designs that Generate Excellence*,简称为 EDGE)项目的过程中写了一篇文章。在该文章中,他论述了创业教育不仅会有助于创办新企业,还会带来更高的社会效益:

可以通过经济教育来解决当今困扰社区的许多问题。因为不懂经济、自卑以及绝望感,太多的孩子堕入吸毒、少女早孕和帮派暴力的深渊中。创业能够使人变得更加自信、提供合法的经济选择、培养希望感、建立教育与生活目标之间的联系并为个人与社区的成功创造无限机会(Shickler,1997)。

(3) 创业教育有助于地方发展

在美国文献中,"地方"(local)一词有时指代的并不是地理位置,而是指一些社会团体或特定社区。在一些特殊种族群体和少数族裔群体聚集区,我们可以找到很多地方社区支持并赋予人们创业权利的实例。大量研究显示,不同种族对身处新国家所面临的挑战会做出不同回应。自 20 世纪 70 年代早期开始,越来越多的少数族裔开始创业并引起了全社会的瞩目。当时,联邦政府的主要目的就是要促进少数民族企业的发展(Worthington,1984)。"地方"一词在这里可以用来指代特殊的利益群体,如持有相同世界观的某一社区。这些少数族裔的共同点在于他们喜欢把创业教育当做一种社交工具。由于种族和创业在文献中颇受重视,接下来我将就此展开更为全面的文献综述。

斯托拉瑞克和弗里德曼(Stolarik and Friedman,1986)合著了《在美国取得成功——种族在经商、教育和择业方面的作用》(*Making It in America—The Role of Ethnicity in Business Enterprise, Education, and Work Choices*)一书。莱特和罗森斯坦(Light and Rosenstein,1995)合著了《美国城市中的种族、民族和创业》(*Race, Ethnicity, and Entrepreneurship in Urban America*)一书。这两本书都是关于种族、民族和创业、教育之间联系的研究。他们指出,美国移民的自主创业率比本地劳动者要高,并且许多移民依靠服务行业谋生(Light and Rosenstein,1995,第 181 页)。

关于种族和创业的关系问题研究成果丰硕。奥尔德里奇和沃尔丁格(Aldrich and Waldinger,1990)设计出一个研究种族与创业关系的框架。他们发现了三个互相作用的组成部分:机会结构、群体特征以及策略。此外,他们还区分了群体特征的两个维度——倾向因素和资源调动——来解释为什么有些民族更倾向于在某些特定领域开展创业。最近的研究表明,和其他移民群体相比,韩国人更倾向于建立企业。福西特和加德纳(Fawcett and Gardner,1994)研究了为什么某些移民群体比其他群体更倾向于经商。他们调查了近期移民美国的韩国人和菲律宾人。研究发现由于文化背景的原因,韩国人比菲律宾人更重视物质积累。阿利(Aley,1994)描述了不同种族和族裔群体间进行创业的不平衡性。以色列人和韩裔美国人的自主创业率最高,而老挝人和波多黎各人的自主创业率则最低。他指出对于自主创业率较低的族裔群体来讲,缺乏社区榜样示范作用是他们创业的主要障碍。圣基里科(Sanchirico,1991)调查了小企业中的美国华裔家庭,旨在了解他们是否为通过鼓励子女在教育上取得成就来实现父辈的远大抱负。他发现经营者对子女的受教育程度产生了积极影响,经营小企业似乎鼓励了华裔美国人代际之间教育流动。此外,萨哈冈(Sahagun,1984)发现,越来越多拉丁裔创业者已经不再仅仅经营为拉丁裔社区提供服务的"小型商店"了。这表明拉丁裔创业者已经进入了一些主流和非传统意义的商业领域,如高科技、广告、技术咨询和研究等领域。

诺瓦克(Novak,1986)认为,与其他所有群体相比,非裔美国人似乎表现得不佳。正如第二次世界大战前,希腊人、意大利人、亚美尼亚人、犹太人以及黎巴嫩人在美国创办了大量小企业,古巴、朝鲜、越南、日本、中国和其他一些在20世纪70年代移民到美国的少数族裔如今在美国也都迅速获得了成功。在这些最新移民团体中有这么多人知道如何创业并取得成功,而在美国移民中占有很大比例的非洲族裔却似乎做不到。这究竟是源于何种原因呢?(Novak,1986,第130页)诺瓦克提出了新旧种族之间存在差异的问题:

在民主资本主义政治经济变化、开放且动态的进程中,希望各种族群体仍然保持其原来的乡村生活方式,这种想法是非常幼稚的。少数族裔在美国社会中能够保持令人惊讶的巨大活力是因为他们已经发生了新的变化。今天,少数族裔已经摆脱了过去那种紧张的生活状态,取而代之的是崇尚自我理解、自我欣赏及个人努力……旧种族往往是狭隘的,而新种族却是世界性的(Novak,1986,第131页)。

我们由此可以得出结论,种族创业保留至今源于两个原因:一是新的、变化的形势为种族创业提供了机会;二是为了履行家庭传统(诺瓦克认为少数族裔从先辈那里"继承了无价的精神资本",第132页)。虽然这两个原因没有明显提倡创业教育,但是萨哈冈提到的新拉丁裔企业的例子表明,创业教育可以帮助少数族裔从一般企业转到更为主流或更创新的领域。在非裔美国人的研究案例中,诺瓦克提出创业教育能够给他们提供机遇。诺瓦克要找到非裔美国人较少创业的原因,但更重要的是要扭转这种局面(Novak,1986,第130页)。

近年来,非裔美国人创业数量显著增加。据美国商务部统计(the US Department of Commerce),1987年到1992年间,非裔美国人拥有的企业数量从424,165个增长到620,912个,上升了46%。与此同时,美国公司的总数量从1,370万个增长到了1,730万个,仅上升了26%。非裔美国人拥有企业的相对收益增长了63%,而全部企业的相对收益仅上升了50%。然而,尽管有所增长,但数据还表明非裔美国人拥有的企业数量相对还比较少、规模较小且雇佣的劳动者数量也较少。1992年,他们仅占所有企业数目的3.6%,收入仅占1%。只有10%的非裔美国人创办的企业拥有员工,且他们的销售额和收入占全部非裔美国人拥有企业的70%(Walstad and Kourilsky,1997,第2页)。沃尔斯塔德和库里尔斯基(Walstad and Kourilsky,1997,第2—3页)总结说:

随着我国的经济增长越来越依赖于创业,这些数据清楚地表明如果非裔美国人想要拥有自己的企业、创造收益并创造足够的就业机会,他们就需要接受更多的创业教育。

《非裔美国人的高等教育问题》(*The Black Issues in Higher Education*)一书探讨了提供创业课程的商学院数量迅速增长的现象,并且介绍了非裔美国人在创业领域中的作用(Phillip,1995)。《非裔美国人企业》(*Black Enterprise*)杂志探讨了日益普及的年轻人创业(kidpreneurship),即由年轻人开展的创业实践。杂志声称,虽然有些州可能会赞助学校的创业项目,但实际上父母和私人赞助者分担了大多数此类活动的经济支出(Gite and Baskerville,1990)。

创业领导中心一直在寻找机会来支持美国土著人社区进行创业。在密苏里州堪萨斯市的哈斯克尔印第安民族大学(Haskell Indina Nations University)举行了关于美国印第安人创业研讨会,会议探讨了创业的可行性和障碍等问题(Center for Entrepreneurial Leadership Inc.,1996,第10页)。

一些特殊利益群体持有某种特殊的世界观,他们愿意推进某种形式的创业教育并把其当作一种社交工具。萨姆森(Samson,1994)的文章描述了本科环境创业课程开发背后的推动力。这门课程是为环境学院和商学院学生开设的,目的是为了考察企业在环境中的作用。麦格劳(McGraw,1995)探讨了在商业、政治和宗教领域中,保守、信奉基督教的资本家影响力与日俱增。除了争取一些拥有共同信念的客户,这些企业也同其他公司竞争市场份额。一些信奉基督教的创业者通过为特定政治事件捐款或直接参政登上政治舞台。麦格劳并没有直接探讨创业教育,但该文章让人们知道信奉基督教的资本家正在推广一些特别的创业建议。

2. 创业教育有助于个体自身发展

该观点声称,提倡创业教育的目的是为了让所有年轻人(包括特定群体)都获得经济赋权。这种观点的论据可以分为三类,分别是:有助于家族企业发展、有助于女性创业以及有助于青年自力更生(包括特定群体的特殊论据)。

(1)创业教育有助于家族企业发展

如果一个人在成长过程中接触过创业,那么他(她)长大后就很有可能会成为创业者。然而，这种方法并不一定奏效。科恩（Cohen，1990）发表了名为《家族企业为何无法延续：缺乏继任计划注定三分之一的美国企业会和其创始人一起消失》（*Why you can't keep it all in family：Lack of succession plans dooms a third of US business to die along with their founders*）的文章。在这篇文章中，他讨论了会导致以上这种情况的因素：

> 当企业创始人退休时，如果不让他（她）的某个孩子接管家族企业的话，这些企业往往会消失。另外，有些公司的创始人不想让自己的女儿接管，而宁愿选择让家族以外的男性来管理企业。

芬恩（Fenn，1994）进而抛出一个让当今企业家们更为担心的问题："下个世纪最炙手可热的家族企业仍会和目前的增长型公司一样，在创立之初不会将自己定位为家族企业"。

家族企业一直充当着社会保障网的角色。每逢遭遇经济困难时，亲戚们似乎就从各个角落冒了出来。然而，在过去的五年里发生了一些改变，家族企业已经成为越来越多年轻人职业生涯道路的第一选择。贝勒大学家族企业研究所（the Institute for Family Business）主任南希·厄普顿（Nancy Upton）表示，现在已经有 50 多个家族企业中心成为大学商学院的附属中心（Fenn，1994，第 36 页）。芬恩建议，企业所有者要考虑让其子女早一点，最好在 22 岁获得文凭之前就尝试经营家族企业：

> 一旦开始考虑将自己的企业打造成家族企业，你就要尽早考虑让孩子成为继任者的问题。辛西娅·扬纳雷利博士（Dr. Cynthia Iannarelli）和乔迪·林恩·扬纳雷利（Jodi-Lynn Iannarelli）合编了一本书，名为《做生意的秘诀 ABC》（*The ABC's of Business*）。该书用最浅显的语言带你走进创业的世界。其中 A 代表广告（advertising）、B 代表预算（budget）、C 代表客户（customer）……这本书的阅读群体是

年龄介于三到十岁的儿童(Fenn,1994,第 37 页)。

该书传达的信息是我们要尽早开始教孩子创业。越来越多的人意识到让儿童了解商业,以及在此过程中所采用的方式会最终会影响儿童从商的愿望(Fenn,1994,第 37 页)。

扬纳雷利(Iannarelli,1992)在研究中发现,家族企业的第二代在第一代企业中接受培训和开发的时间始于青少年时期之前。而此前的研究则认为这个时间段始于青少年时期,这与之前的研究结果有所不同(Iannarelli,1992,第 180 页)。

（2）创业教育有助于女性创业

女性创办的企业是当今市场中越来越重要的经济力量。在接受《纽约时报》采访时,贡贝特(Gumbert,1988)说,创业革命的核心就是出现越来越多的小企业以及女性创办的以家庭为基础的企业。女性的确为创业革命做出了巨大的贡献。目前,美国 36％的公司为女性所有,雇佣总人数超过 1,850 万,产值超过 22,800 亿美元(Nelton,1996,第 7 页)。从1987 到 1996 年,女性创办的企业发展速度几乎是全部企业发展速度的两倍,女性创办企业的销售额的涨幅也是全部企业销售额涨幅的近两倍。女性创办的企业在美国雇佣了四分之一的劳动者。在未来几年内,就业数据还可能会继续攀升。因为据预计,到 2002 年女性将拥有美国半数的企业（Kourilsky and Walstad, 1997；National Foundation of Women Business Owners,1996)。

泰勒(Taylor,1989)研究了 15 位成功的女性创业者,并总结出她们的成功之路。他发现这些女性的成功秘诀有五个关键因素,分别是:在年轻时获得经商经验、找到适当的机遇、建立强大的团队、建立与银行和供应商的关系以及学会看财务报表。

库里尔斯基和沃尔斯塔德(Kourilsky and Walstad,1997)就创业知识与态度对美国男性和女性中学生展开了研究,旨在调查在该问题上是否存在明显的性别差异。研究发现,男性和女性学生都渴望了解创业,建立企业并回馈社会。男性和女性学生对创业知识都不太了解，但能够认识到这一缺点；他们都渴望接受创业教育，但其态度可能会最终限制创业的发展。同男性相比，女性对创业不太感兴趣，对自己的创业能力不够自信，也不太关注市场动态（Kourilsky and Walstad，1997，第 15—21 页）。库里尔斯基和沃尔斯塔德提出了改善措施，他们建议：

> 要解决女性的自尊问题，因为它可能会影响到女性的自我评估及对创业知识和能力的自信（Kourilsky and Walstad，1997，第 21 页）。

肯特（Kent，1982）指出，尽管很多文献表明创业对美国经济十分重要，但文献综述也同时表明人们对创业教育的了解非常少，而且几乎找不到关于女性创业教育的研究文献。他的文献综述表明：

> 学校教育中对性别的刻板印象阻碍了女性获得远见、拥有创业动机并获得创业技能。另外，对中小学学生开展的创业教育过少，而且质量较低。

他还建议：要考虑到女性导师对女性创业者的重要引导作用。

> 在鼓励女性创业者创办企业时，导师的引导作用至关重要。很多研究结果和全国性报告表明，女性创业教育工作应包括：研究并确定女性企业主的需求、评估当前教育计划、开发初等教育的教学材料、继续加强立法和开展项目以减少学校中的性别偏见和刻板印象，以及开发能够准确描绘女性创业者角色的资料（Kent，1982）。

其他研究者也已经注意到女性榜样和同伴支持的重要性。为了给女孩子们介绍商业领域中的同伴榜样，康诺弗（Conover，1996）在《基督教科学箴言报》(*Christian Science Monitor*)中介绍了两本鼓舞人心的书，分别是：《女孩和年轻女性的示范作用：关于领导力的二十个真实故事》(*Girls and Young Women Leading the Way : 20 True Stories about Leadership*)和《会发明的女孩和年轻女性：关于发明者的二十个真实故事》(*Girls and Young Women Inventing : 20 True Stories about Inventors*)。为了在创业教育中给女孩提供更多的支持和体验，位于宾夕法尼亚州格林斯堡市塞顿希尔学院(Seton Hill College)的全国商界女性教育中心(National Education Center for Women in Business)开办了创业者训练营，这是一所专门为女子创业而设计的夏令营(Jacobs,1994.；National Education Center for Women in Business,1997)。创业领导中心让每个女孩和她的母亲组成一队。训练营的目的是让女孩在自己母亲的支持和鼓励下建立企业，并将最终所得的利润用作女孩读大学的费用(Center for Entrepreneurial Leadership Inc.,1996,第 14 页)。这个计划把女性成功所需要的两大要素结合在一起，即支持与教育。多林斯基、卡普托、帕苏马蒂和奎才(Dolinsky,Caputo,Pasumarty and Quasi,1993)的报告显示：一般来说，接受的教育越多，女性越有可能在商业领域中取得成功。坦皮斯特(Tempest,1997)支持以上观点，他认为尽管有资金不足和性别偏见问题，但女性企业所有者经验越多、受教育程度越高，她们就越能够战胜创业所带来的挑战。

扬纳雷利(Iannarelli,1992)发现：正如人们所预料的那样，性别极大影响了家族企业的社会化进程，因为社会对男性和女性设立了不同的规则并给予了不同的期望。

在领导力发展的过程中，男性和女性都会面临特定的挑战。在早期经历中，女性对创业的兴趣不如其兄弟。兄弟姐妹虽然是在同一个家庭长大，但发展却各不相同，拥有不同的技能、兴趣以及对商机的看法(Iannarelli,1992,第 184 页)。

性别特殊化(gender specificity)已经成为民族或少数民族创业文献中的一个研究主题。达拉法尔(Dallalfar,1994)指出在研究移民妇女创业活动的文献中,并没有表现出性别特殊化。她介绍了两项在洛杉矶进行的关于妇女创业的案例研究,借此说明伊朗女性是如何在民族经济中利用种族、性别以及阶级资源获益的。萨拉森(Sarason,1994)研究了22位西班牙裔女性创业者,并把她们与同族男性和非少数民族女性创业者进行了对比。两组研究对象的年龄和受教育程度相似。但调查分析显示:相较于其他群体,西班牙裔妇女更容易建立自己的企业。不过,她们从事的多为服务业,收入较低。这些研究表明,企业中种族与性别的弱势因素结合在一起反而变成了一种优势。

以上是支持年轻女性接受创业教育的论据。这些论据表明女性创办的企业数量正在不断上升。研究人员发现:和男孩相比,女孩成功创业需要更多的榜样示范和团队支持。

(3) 创业教育有助于青少年自力更生

该类别的文本论述的是为学生和个别特殊学生群体开设创业教育的基本原理。特殊学生群体包括市中心平民区青年(inner-city youth)和问题青年(at-risk youth)及天才教育项目中的学生。同时,该类别的文本也介绍了一些年轻人为自力更生而愿意创业的论据。这一类别的文本论据表明孩子们应该通过加强经济意识和创业技能来获得自主权、学会自主创业。

哈特曼(Hartman,1989)通过描述孩子们在未来将要面对的复杂现实,显示出进行创业教育的必要性:

> 没人会期待孩子们能够看懂资产负债表。当然,也没有人要求他们的老师也能够做到这些。现在美国缺少经济教育,这是一件令人感到悲哀的事情。因此,如果没有有效的经济教育,我们的孩子将无力在他们即将面对的世界里参与竞争。要知道在美国,每年有五分之一的人会换工作,十二分之一的人转行。不管喜欢与否,这一代学生和即将出生的下一代人将不得不在经济上完全独立,但是他们

并没有为此做好准备(Hartman,1989,第53页)。

国际青少年成就组织(Junior Achievement)或青年创业组织(Young Enterprise)是一个支持青年创业的机构。该机构建立起一个全球创业项目网络,其目标是要确保青少年在未来能够成功扮演个体、劳动者和消费者的多重角色。

国际青少年成就组织就是要教导和激励年轻人珍惜自由创业、了解商业和经济并为将来成为劳动者做好准备(Junior Achievement International,1994)。

在文章中,哈特曼(1989)描述了一位老师的话,这位老师看到一个项目所带来的影响,即玛丽莲·库里尔斯基设计的"迷你社会项目"(Mini-society):

孩子们态度的转变给特拉华州"1986年年度教师"史蒂文森老师留下了深刻的印象。她说:"迷你社会项目把孩子更早地和身边真实的世界紧密联系起来。让孩子们真正承担责任会让他们学会如何才能成为更好的决策者。同时,孩子们也了解到自己不可能拥有一切。"她认为,学生在学期末都拥有更强的自尊心和自主意识、更富有创造性、具备更强的自力更生能力、在危机面前更加勇敢以及更加懂得如何取舍(Hartman,1989,第53页)。

史蒂夫·马里奥蒂(Steve Mariotti)设计了一种特殊的方法来帮助市中心平民区青年和问题青年维持生存,更为重要的是帮助他们获得成功:

马里奥蒂的目标是那些被教育者委婉地形容为"问题学生"的群

体。该项目的帮扶对象主要是一些贩毒者、辍学者以及患病者。他说："这些孩子都极富潜质，但却因接受社会救济而被定型。经商可以让他们重获独立和强大的自我形象，而这些在目前的社会体制中都遭到了破坏"（Hartman，1989，第 54 页）。

马里奥蒂（1995）探讨了市中心平民区学校对实际商业教育的需求。在他教过的市中心平民区的青年中，很多人对商业知识的兴趣要远远超过对其他知识的兴趣。在学校体制下，这些学生被打上了"无可救药"的标签。但只要教师教他们实践性的商业知识，问题就将迎刃而解了。马里奥蒂的全国创业教育教学基金会（National Foundation for Teaching Entrepreneurship，简称为 NFTE）在许多方面改变了这些孩子的生活。该项目提高了这些青少年的主动性，改善了他们的态度，增加了学术技能并且还降低了女性学生的怀孕率。

库里尔斯基和埃斯凡迪亚里（Kourilsky and Esfandiari，1997）就创业教育问题对处于社会经济结构底层的非裔美国高中生进行了一次实证研究。该研究基于盖洛普民意调查（Gallup，1996），旨在调查非裔美国高中生对创业教育的态度和知识掌握程度。研究结果证实，适当的课程创新可以明显影响处于社会经济结构底层的非裔美国学生对创业理念和技能的学习。在这种环境下，这些学生也同样可以积极主动地抓住商机并展开创业活动（Kourilsky and Esfandiari，1997，第 212 页）。

然而，曼（Mann，1992）提出了不同的观点。他在一份名为《创业和小企业世界》（*Entrepreneurship and the World of Small Business*）的研究报告中声称，这种项目比较适合于"英才教育"。他分析了这类项目的益处并为小学、初中和高中的教学提供了一些建议。

许多研究人员和民意调查人员咨询了年轻人的意见。1994 年的盖洛普民意调查开展了一项名为《美国创业及小企业》（*Entrepreneurship and Small Business in the United States*）的研究。该研究咨询了 602 位高中生。1996 年的盖洛普民意调查又再次从少数民族和性别的角度对高中生进行了调查(Gallup Organization and National Center for Research in Economic Education,1996)。总体来说,这些调查表明,年轻人都赞成把创业教育列为一门选修课。格林和普莱托(Green and Prytle,1990)对位于巴尔的摩和华盛顿的两个低收入和两个中产阶级社区进行了走访调查。他们采访了104位年龄在15到25岁之间的非裔美国青年。该项调查表明非裔美国青年,尤其是那些来自低收入社区的非裔美国青年对创业表现出强烈的兴趣(Green and Prytle,1990)。

《华尔街日报》(*The Wall Street Journal*,1994)报道了针对美国创业和小企业的盖洛普民意调查结果。这则新闻的标题是:《创业精神进入高中——青少年把创办企业看作是大型企业裁员的避难所》(*Entrepreneurial Spirit Enters High School—Teens See Business Ownership as Shelter from Corporated Layoffs*)。

> 很多美国青少年相信自己已经找到了一种方法,可以帮助其免于成为21世纪公司裁员的受害者,那就是创办自己的小企业。参加焦点小组讨论的学生们说,他们不信任政府,也不信任大企业。据报道,青少年对于小企业的兴趣跨越了社会经济和性别的界线。

此外,《华尔街日报》还刊登了一些支持青少年创业的个人观点。以下是纽约一名高中三年级学生的观点:

> "为自己工作产出的效益要多于为雇主工作产生的效益。"她说自己从事电脑绘图业务的其中一个原因就由于是她不想给大公司打工(Mehta,1994)。

(二) 反对创业教育的论据

在美国很难找到反对创业教育的直接论据。因为目前创业教育是一种相对新兴的教育趋势，反对者还没有对它进行大力抨击。另外，鉴于支持的力量过于强大，对创业教育进行攻击时必须要斟酌用词，让语言易于理解。当然，我们也可以在一个较大的语境范围内（如反对教育商业化和反对全球化的文本）找到一些反对创业教育的论据。人们最希望看到的是那些从意识形态角度出发的反对意见。在本小节中，我将主要探讨从社会和个人两个角度提出的反对创业教育的论据。

当然，这两类文本存在互相重合的部分，某些文本同时反映出以上两种观点。在本小节，我将详述这些反对性的观点。

1. 出于社会原因反对创业教育

出于对社会的关心而反对开展创业教育的观点主要来自左翼理论家。他们声称，创业教育会促进资本主义发展、破坏社会阶层的团结并加剧社会不公现象。不过，有些论据也来自企业领导，他们认为创业教育会导致赋予学生过多的权利。

（1）创业教育会促进资本主义发展

有些人把提倡创业教育与促进资本主义发展联系起来。他们声称，创业的本质与左倾意识形态是相矛盾的。莱特和罗森斯坦（Light and Rosenstein,1995）认为创业不过是美国一个老掉牙的文化名词罢了。因此，美国人很容易将这个复杂问题放入意识形态的框架中，从而阻碍创新、研究甚至对话。反对者们不能接受人们开展创业活动。莱特和罗森斯坦认为，创业是一种通过改善市场经济来支持资本主义的方式。从意识形态层面考虑创业实际上就是在支持资本主义。然而，极左主义观点也在隐晦地支持资本主义，因为它承认某些资本主义制度仍然有效，并且人们往往会保留有效的经济制度。某种社会制度只有在变成经济发展的桎梏，完全没有发展潜力的情况下才会崩溃。总体来看，左派人士认为创业不能改善穷苦大众和工人阶级的生活条件（Light and Rosenstein, 1995,第 206、第 227 页）。

（2）创业教育会破坏社会各阶层团结

莱特和罗森斯坦（1995）认为，为了促进社会各阶层的团结，左派反对穷苦大众和工人阶级成为创业者。

> 由于担心穷苦大众和工人阶级因为拥有创业精神而失去革命热情,极左主义者企图劝阻人们成为创业者(Light and Rosenstein,1995,第 206 页)。

这种主张要求穷苦大众坐等革命,而不能通过当前可利用的方式来养家糊口。这意味着他们要牺牲穷苦大众和工人阶级的物质利益(Light and Rosenstein,1995,第 206 页)。

（3）创业教育会加剧社会不公

在美国,教育政策在很长时间内是由右翼,或者更确切地说是由新右翼(New Right)政治家主导的。这种情况也同样发生在许多其他工业化国家中,新右翼的价值观融入了教育。新右翼党派所提倡的创业和商业价值观在教育工作者和关心学生的人们中间掀起了关于伦理问题的轩然大波。有学者用下面的反对观点抨击了这种威胁:

> 右翼教育政策将会极大地破坏平等的权利和机会。在 20 世纪 90 年代,人们将可能会面临个人竞争、消费主义以及教育不平等的问题。这个时代将会见证阶级、种族和性别等多种社会矛盾(David,1992,第 228 页)。

米克尔森(Mickelson,1996)指出,"受教育机会和教育结果平等属于教育价值观,而不是商业价值观。竞争属于商业价值观,它会划分出赢家和输家"。

鲍尔斯和金迪斯(1976,第 19 页)认为,批评资本主义经济的研究者认识到,自由市场体制以土地、劳动力和私有制为生产方式。如果对这种经济体制放任不管、任其发展,将会给美国社会带来一系列不良后果,包括社会解体、自然环境恶化、彼此疏远、不人道的工作环境、必要

社会服务供给不足和收入分配不均等。鲍尔斯和金迪斯(1976,第 14
页)在《资本主义美国的学校教育》(*Schooling in Capitalist America*)一
书中强调:

> 只有当一种教育体制能让青少年充分民主地参与到各种社会生
> 活当中,并能够平等地享受经济活动成果时,它才能算是具有平等性
> 和解放性的教育体制。

此外,他们进一步指出:

> 改革的关键是经济关系的民主化,包括:社会化的所有制、劳
> 动者民主地参与生产过程、所有人平等承担社会必要劳动、收入逐
> 步平均以及废除等级性的经济关系(Bowles and Gintis,1974,第
> 14 页)。

迈克尔·阿普尔(Michael Apple)支持鲍尔斯和金迪斯的观点,并提
醒人们要防止社会疾病的产生:

> 经济和文化权力正越来越多地集中在大公司手中,这些公司注
> 重的是利润,很少考虑社会需求(Apple,1979,第 12 页)。

(4) 创业教育会导致赋权过多

创业教育促使企业参与到教育中。在此过程中,企业似乎设定了两
个目标:一方面要加强自由企业理念,而另一方面是要获得优秀且善于服
从的劳动者。这两个目标成为反对创业教育的论据。现在,我将指出为
何第二个目标与创业教育是矛盾的。

> 因为新员工缺乏基本的工作技能和良好的工作态度,企业领导

者对学校教育提出批评。另外,企业并不希望其员工具有批评公司规定、重组工会或反对经理命令的能力。事实上,企业需要员工具备基本的阅读和计算能力,这会使他们在执行管理政策时更高效。企业想要的是那些相信对企业做贡献就是对国家做贡献的员工,而企业需要的管理人员则要知道什么才是企业利益所在(Nelson,Palonsky and Kenneth,1990,第 200 页)。

上述观点似乎意味着,企业领导者不会支持创业教育,因为它强调批判性思维、冒险性和主动性,而且具有创业精神和技能的人相对来讲难以掌控。

目前,美国许多的企业领导者都是从创办小企业开启自己职业生涯的。一篇强调企业领导者支持创业教育的文章提到,科尔曼基金会(Coleman Foudation)的约翰·休斯(John Hughes)与其合伙人在十年内为创业教育捐助了 1,300 万美元。他支持以上分析并评论说:"没有多少大型企业会资助创业教育,因为他们认为这会鼓励员工离开公司"(Brokav,1992,第 63 页)。

2. 出于个体原因反对创业教育

出于对个体的关心而反对开展创业教育的论据可以分为两类:一是认为创业教育会提供虚假承诺;二是认为创业教育否认人的潜能。有些学者认为,从这个角度也可以发现创业教育加剧了社会不公。

(1) 创业教育提供虚假承诺

创业教育被看作是一个社会大背景下的组成部分。它既是教育市场化的趋势,也是全球化的一部分。在教育中提倡自由创业和商业价值观,尤其是通过正规的公共教育开设"隐性商业课程"是有悖伦理道德的。创业教育的内容尚未和社会大背景紧密联系,并且也没清楚表明通过创业会实现哪些价值。

莫尔纳(Molnar,1996)是一位美国公认的公共教育商业化的权威专家。他列举了很多关于企业通过学校推销自己产品的例子。有时商业渗透的目的是让大家熟悉产品，有时商家则为了商业利益和商业影响进行一些狭隘、不实的宣传。莫尔纳借鉴了银行业务学习指南上的内容，把拥有"自由企业"定义为"一个健康发展并能公平对待其公民的国家"的象征（Molnar,1996,第43—44页）。莫尔纳和哈蒂（Molnar and Harty,1994）就"走进"教室的商品进行了跨国调查，从中发现：学生使用的学习材料带有某些倾向性或偏见，它们支持环境、社会和政府行为下的商业观点。莫尔纳给出一个例子：

> 请想象以下几种情境：①烟草公司在帮助你的孩子了解吸烟；②你的儿子拿到一颗果汁夹心软糖。老师告诉他用牙齿咬破软糖，并把当时的感觉比作是地热喷发（通用磨坊食品公司对其产品的宣传语）；③在学习过关于自尊的课程内容后，老师让您的女儿思考"头发好看时"和"头发杂乱时"所拥有的自尊（露华浓洗发产品的宣传语）（Molnar,1996,第217页）。

哈蒂（1994）在此次跨国调查中发现，环境污染的重要源头，如化工、钢铁和造纸等行业恰恰是环境教育材料的最大生产商。批评者认为教育商业化（也被称作麦当劳化），不仅会引导孩子对企业行为采取一种不加批判的态度，而且还会损害学校的文化传播工作，因为这会降低文化遗产传播的力度。哈蒂声称，她担心学校会强调"反智能"以及"购买奢侈品的消费趋势"。她认为跨国公司的渗透会"导致形成一种以追求物质享乐为标准的全球性文化……这些跨国公司影响了整个国家文化的完整性"（Harty,1994,第98—99页）。

美国有几个州没有开设经济学课程，而开设了自由企业课程。纳尔森、帕隆斯基和卡尔森（Nelson et al.,1990）认为这门课程具有倾向性，是一门故意向青少年进行思想灌输的宣传课程：英语是通过读写就业申请表进行教学的；数学是为孩子们在商店工作和找零钱做准备；历史课讲授的是关于美国商界领袖的美德、企业的权利以及政府干预企业的威胁

（Nelson et al. ,1990,第 200 页）。

（2）创业教育否认人的潜能

虽然存在许多关于如何通过创业摆脱贫困的美国故事和传奇,如霍雷肖・阿尔杰（Horation Alger）所写的书。但与此同时,美国也还存在反对创业的呼声,其中包括两种观点,分别是"饱和说"（saturation）和"资本匮乏说"（capital starvation）。它们与美国社会中提倡创业的想法正好相反。接下来,我将简要介绍这两种观点。

"饱和说"认为美国经济已经不能接纳更多的创业者了。这意味着,如果市场接纳创业者的数量已经达到了饱和状态,那么让更多的劳动者开展创业活动是没有任何意义的（Watts,1987,第 145 页）。在学术界以及社会中都有人捍卫"饱和说"这种观点,认为任何一个经济体制都应该限制其支持的自主创业者的数量。有些人认为这种观点是可以理解的,因为如果所有人都试图自主创业,那么绝大多数人将会以失败告终。

"资本匮乏说"告诉我们创业需要大量的资金支持。苏希尔（Sudhir,1994）认为,"穷人的宿命注定他们是没有希望的。"处于弱势地位的青少年普遍认为创办合法的企业需要初始资本,但他们无论是在现在还是在将来都无法获得这些资本。戴和威利特（Day and Willette,1987）在旧金山与华盛顿特区的比较研究中发现:

在四个种族群体的研究中,非裔美国青年对企业所有权最感兴趣。比起白人青年、亚洲青年或西班牙裔青年,非裔美国青年似乎对以创业为职业更感兴趣。然而,当被问及是否认识能够借钱给他们建立企业的人时,和其他种族年轻人的 57% 相比,只有 41% 的非裔美国青年回答"认识"。他们也认识到自己获得启动资金比其他种族更难。这种高期望值与现实困难之间的矛盾是引发犯罪行为发生的典型模式。

相信"饱和说"和"资本匮乏说"的人认为自己根本没有机会获得成功，至少无法以合法的方式获得成功。

四、美国创业教育学术论争及图示

在本章中，我讨论了美国相关文本中的创业教育研究，旨在梳理这些文本是如何界定创业教育概念以及创业教育基本原理的。为了解当今探讨创业教育的话语，我回顾了一些介绍美国历史及文化背景的文献。

在美国教育中，创业是一个相对较新的话题，可以追溯到 20 世纪 80 年代初期。然而在很早以前，经济界就认识到了教育的重要性。在 20 世纪初，经济学家就开始担心美国在国际市场中的竞争力，并认为学校是开发人力资本的适合场所。20 世纪 80 年代，人们再次提出这些需求。新一轮的学校改革体现出三种观点：保守派观点、自由派观点和激进派观点。保守派支持 20 世纪政治精英价值观。这种价值观强调个人利益、个人竞争意识、效率以及更高的知识水平，它遵循的是其他工业化国家新右翼运动的价值观。企业和行业领袖在学校董事会和教育峰会中占据了大量席位，学校如今正在仿照工业和企业的管理模式。一些社会评论家认为改革提案进一步扩大了"有产者和无产者"之间的差距。一些批评学者认为资本主义的发展造成了持续贫困、失业和教育不公。21 世纪的社会将见证阶级、种族和性别方面的种种矛盾。

美国人的梦想就是要自己当老板。1994 年针对创业和小企业问题的盖洛普民意调查结果显示，当今人们开创自己企业的主要动机是独立性而非金钱利益。该调查还显示公众赞同创业以及对创业教育非常感兴趣。该调查还说明，企业能够支持所在的社区也是非常重要的。然而本研究发现人们对创业知识的整体掌握非常不足。

美国已经从工业型社会转变成为信息和服务型社会。小企业为提供就业、创新以及提高生产力开辟了一条新的道路。在这种新的形势下，创业教育被看作是一个可以振兴经济、增加就业以及刺激国家活动的可行策略。因此，人们对创业教育越来越感兴趣，创业教育得以推广并获得了多方的支持。

文献回顾表明创业教育对于普通的美国民众来讲仍是神秘的。另外，美国学术界至今也并没有对创业教育概念达成统一的界定。本研究的第一个研究问题就是要进一步考察创业教育概念。对于创业教育的界定主要是通过解释"创业"的定义来实现的。然而对于创业，同样也缺乏明确的定义。因此，讨论不同层面的概念是非常有意义的。为实现本研究的研究目的，我回顾了不同文本是如何从三个不同的分析层面来解释创业教育的，即系统层面、组织层面和参与者层面。系统层面定义强调创业教育在经济发展中的作用，即有效的项目应该培养经济发展中积极的创业者。另一种观点就是把创业教育视为一个终身学习的过程。从组织层面的定义来看，虽然"学校至职场项目"以及"校企合作项目"的确包含创业要素，但它们并不是创业教育项目。另外，许多项目虽声称提供的是创业教育，但其强调的教学重点实际上是经济学和企业管理。许多机构只是传授商业语言，并未能让青少年真正地体验到冒险。一些组织致力于提供创业教育，尤文·马里恩·考夫曼基金会在这方面做得最好。参与者层面定义最为合适并且说明了行动的本质。库里尔斯基(1995)提出了"真正创业"的三个关键特质。诺尔(1993)提醒我们，在进行传统创业特质的教学时要考虑到当前许多问题。

第二个研究问题需要调查创业教育基本原理的学术论争。本研究对文本中的论据进行了分析，获得丰富的研究结果。其次，根据研究方法章节中介绍的方法，本研究将搜集的文本进行类别划分。本研究不是要囊括所有论据或全部学术论争，而是要把各种观点进行类别上的划分。本研究的分析单位是论据，而不是文本。根据支持或反对创业教育，以及有助于个体进步或社会进步，本研究对美国文献的论据进行分类。论据类别的具体划分请参照表 4-2。

表 4-2 美国创业教育学术论争的主要文献综述和总结

支持创业教育的论据	
有助于社会发展	
层面来源	**来源**
国际：国际竞争	克鲁策尔和查维斯（Kruzel and Chavez，1991）
	巴迪和诺卡（Buddy and Nowka，1995）
国际社会	库里尔斯基（Kourilsky，1995）
国家：经济发展	弗朗西斯（Francese，1993）
	皮特斯（Peters，1995）
	沃辛顿（Worthington，1982；PCEE，1994）
	库里尔斯基（Kourilsky，1995）
社会发展	申克尔（Schickler，1997）
地方：地方权力	圣基里科（Sanchirico，1991）
沃尔斯塔德和库里尔斯基（Walstad and Kourilsky，1997）	
社交工具	萨姆森（Samson，1994）
	麦格劳（McGraw，1995）
有助于个体发展	
有助于家族企业发展	科恩（Cohen，1990）；芬恩（Fenn，1994）
	扬纳雷利（Iannarelli，1992）
有助于女性创业	沃尔斯塔德和库里尔斯基（Walstad and Kourilsky，1997）；
	肯特（Kent，1982）
有助于年轻人自力更生	哈特曼（Hartman，1989）
	梅塔（Mehta，1994）
弱势青年	马里奥蒂（Mariotti，1995）；
库里尔斯基和埃斯凡迪亚里（Kourilsky and Esfandiari，1997）	
有天赋的学生	曼（Mann，1992）
反对创业教育的论据	
社会原因	
层面来源	**来源**
促进资本主义发展	莱特和罗森斯坦（Light and Rosenstein，1995）
破坏社会阶层团结	莱特和罗森斯坦（Light and Rosenstein，1995）
加剧社会不公	戴维（David，1992）；鲍尔（Ball，1994）；
	迈克逊（Michelson，1996）；阿普尔（Apple，1979）；
	鲍尔斯和金迪斯（Bowles and Gintis，1976）
赋权过多	纳尔森、帕隆斯基和卡尔森（Nelson，Palonsky and Carlson，1990）；
	布罗卡（Brokav，1992）
个体原因	
提供虚假承诺	莫尔纳（Molnar，1996）；
	哈蒂（Harty，1994）
纳尔森、帕隆斯基和卡尔森（Nelson，Palonsky and Carlson，1990）	
否认人的潜能	沃茨（Watts，1987）；
	戴和威利特（Day and Willette，1987）

首先,本研究将所选文本分为支持性和反对性两类论据。然后,根据文本的研究主题再进一步划分。通过这种分类方法将文本分成四个子类别:

① 出于社会发展原因支持创业教育;

② 出于个体发展原因支持创业教育;

③ 出于社会发展原因反对创业教育;

④ 出于个体发展原因反对创业教育。

为了回答第三个研究问题,本研究把学术论争文本的观点绘制成互文空间视觉图示。本图示会帮助读者了解创业教育,因此,在讨论文本前呈现出这样的图示是非常合理的。图 4-1 描绘的是美国的学术论争。

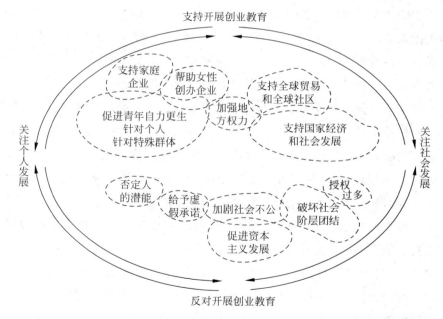

图 4-1　美国创业教育学术论争的话语共同体图示

从社会发展角度提出的支持性论据可以按照思考角度分成三类:国际角度、国家角度和地方角度。但从外交政策来看,国际角度论据的重点实际上仍然是从国家角度出发的,主要关注的是美国在国际社会中的竞争力和生存能力。国家角度论据主要关注的是美国的经济效益。从社会发展角度提出的论据声称，创业教育不仅会帮助创办新企业，而且更重要的是它会给社会带来更高层次的益处。当然，也有一些研究者关心究竟什么才是对社会最有益的。本研究搜集了一些从地方发展角度提出的论据。不过，本章中提到的"地方"并不一定指的就是地理意义上的"地方"。地方论据也关注社会利益，只不过是从少数族裔群体角度进行论证的。另外，这些论据可以进一步划分为赋予权力和社交工具两类。自从第一批移民来到美国，这些少数族裔群体就能够比美国普通民众更好地开展创业活动。当然，不同族裔群体对创业教育的需求也有所不同。因为有很多人反对非裔美国人创业，所以本研究的主要任务是解决非裔美国人所面临的这种困境。我们需要彻底纠正这一错误观点。许多年轻的非裔美国人非常渴望创业，他们缺乏的只是机会和技能。美国社会的话语还具有一些特殊性。为此，我提供了一些特殊论据，希望能够证明创业教育可以改善环境教育并促进信仰基督教的投资者进行创业。

支持个体自我发展论据的核心是帮助年轻人实现自力更生。大多数创业教育项目在其任务陈述中都提到该内容。我们非常仔细地收集语料，并找到了唯一一篇声称要为具有天赋的学生提供创业教育的文本。另外，很多创业教育机构建议要为弱势青年群体提供创业教育。问题学生所面对的是生存问题，而创业教育为他们提供了一种生存工具。贫穷青年愿意创办小企业并做所有的辛苦工作，而中产阶级的孩子则期望创立自己的企业。女性在创业方面是特别弱势的群体。从传统意义上来讲，商机是属于男性的，并且社会也鼓励男性去寻找机会。在创办企业时，女性比男性更加小心谨慎，因为她们需要更多的鼓励和支持才能开创自己的事业。女性需要导师和教育来对抗性别不平等和存在着的多种不确定因素。尽管众所周知，创业者的孩子最有机会成为创业者，但针对家族企业的创业教育一直被忽视。人们未必非常清楚这种"子承父业"现象的个中缘由，因此，有必要也给家族企业提供创业教育。或许是因为对创业教育怀有的期望值过高，人们经常就这一问题进行调查和走访。本章提及了几次以大量学生为调查对象的研究，在访谈中学生们表述了自己的个人观点。根据已公布的学生组论据，学生们无一例外都对创业及创业教育表示支持。

　　对创业教育持反对观点的论据主要是反对以资本主义方式促进社会发展。事实上，创业教育还是一个比较新的现象，起因并不明确，这让批评者们有些无从下手。把商业价值观带入学校是一个巨大的进步。新右派价值观会引发个人竞争、消费主义以及教育不公等现象。这又会增加社会中阶级、种族与性别方面的矛盾。企业领导者提供的论据可能会令人感到惊讶，他们担心创业教育可能会赋予员工过多的权力。然而，本章开篇的历史背景回顾部分提醒过读者：尽管大多数企业领导者支持将内部创业作为创业教育的一部分，但他们希望学校培养的是技术熟练且顺从的劳动者，而非具有创新和创业精神的劳动者，这样的想法至今依然存在。无论如何，企业领导都不会真心希望自己的优秀员工离开公司、创立自己的企业。

第五章　英国创业教育

本章将探讨大不列颠及北爱尔兰联合王国（简称英国）创业教育的概念和基本原理。英国包括英格兰、威尔士、苏格兰和北爱尔兰四个地区。苏格兰和北爱尔兰拥有独立的教育系统，并且这两个地区开展创业教育的方法也与英格兰和威尔士地区有所不同。针对这种情况，本章将仅针对英格兰和威尔士两个地区展开探讨。本章将继续沿用第四章所采用的行文框架。首先，回顾英国创业教育背景，并概述与本研究相关的近期学校改革情况。其次，探讨英国研究者对创业问题的看法、创业教育概念及其在社会中的呈现形式。最后，阐述创业教育的学术论争并制作图示。

一、背景介绍

在探讨英国创业教育之前，我将梳理该国的历史、社会和文化背景以阐明英国教育与经济之间的关系。在文献综述中，我会首先回顾英国在世界经济发展史中地位的演变，并且着重探讨教育政策的主要变化及其与政治活动之间的联系。英国开展创业教育的历史可以追溯到 20 世纪70 年代，而其引发的教育变革则主要发生在 20 世纪 80 年代。

（一）历史背景

作为世界上第一个工业化强国，英国曾因此闻名于世。在 1900 年，英国是世界上唯一一个实现现代化和城市化的国家。但是，英国曾经的辉煌历史对其目前的经济和政治生活所产生的影响却鲜有人知。有些学者认为，因为曾是世界第一工业强国，英国一直对世界经济力量保持着一种开放的态度。1870 年到 1890 年间，英国资本主义的发展达到了鼎盛时期。当时，英国的教育也随之在世界各国中处于领先地位。在此之后，教育和经济发展就成为英国教育改革中的一个主要调节杠杆。1870 年以前，英国政府并不行使教育管理职能，而是由一些宗教组织和志愿团体为少数青少年提供教育指导。为了普及基础教育，英国在 1870 年成立了地方学校委员会（Board of Education）来辅助教会开展学校教育，中央政府也同时加大了对教育财政拨款的力度。1902 年，地方教育局（Local Education Authorities，简称为 LEAs）取代了地方学校委员会。从那时起直至最近，英国一直由这些机构负责给国民提供教育服务。接下来，英国政府颁布了《1944 年教育法》（*1944 Education Act*），该法案把中等教育也纳入普及教育的范围，这成为福利国家制度①（welfare state）的主要标志之一。按照《1944 年教育法》的规定，英国成立教育部（Ministry of Education）取代原来的地方学校委员会，这标志着英国政府开始对学校教育实行整体监管制度。直到现在，英国教育体系的目标仍然与《1944 年教育法》的目标相一致。从 20 世纪 40 年代初期到 20 世纪 60 年代，尽管主要政治党派交替执政，但在教育和经济关系的问题上他们还是达成了一定程度的共识（Halls，1994，第 6515—6516 页；King，1979，第 183—185 页；Miller and Ginsburg，1991，第 50—54 页）。

　　有些人认为，之所以英国在人类历史上率先进行第一次工业革命是因为英国先于法、德等国家成功从封建社会过渡到资本主义社会。因此，这促使英国的贵族阶层发生了改变。和欧洲大陆其他国家的贵族不同，英国的贵族开始重视商业活动。当英国中产阶级已经在工业领域大步向前时，英吉利海峡对岸的其他欧洲大陆国家的中产阶级却仍在追求那些传统意义上享有较高社会地位的工作，如军队、政府机关和教会职位。但是，洛克（1993）并不认同以上观点，他提出了一个更加合理的假设。他认

---

　　①　福利国家制度，就是通过国家立法建立起来的比较完善的社会保障制度。为缓和阶级矛盾并维护其统治地位，现代资产阶级通过政府推行了各种社会福利措施。第二次世界大战后，各发达资本主义国家纷纷宣称本国已经成为"福利国家"。

为英国之所以能够率先进行工业革命是因为当时英国的工商业拥有成功发展的基础,但工业革命过后,工商业则失去了那种强劲的发展势头(Locke,1993,第 56 页)。

1. 20 世纪 70 年代的教育危机

英国主要党派(工党和保守党)与大多数教育者之间达成了"巴茨凯尔主义"(Butskellism)政治共识,即学校管理权归地方教育局所有。但进入 20 世纪 60 年代,两个党派都对该共识展开批评,这导致这一共识最终被打破了。当时,英国失业率攀升,并且国家经济在 1973 年石油危机后陷入了持续下滑的窘境。英国无法再使本国经济继续保持持续增长的势头。在这种情况下,人们希望在公共经费中削减教育服务的开支,并由最初的保守性抵制(如呼吁教育立法)最终发展到在 20 世纪 70 年代末对综合中学展开直接抨击。人们抨击综合中学的理由是:综合中学教育标准下降并且教学秩序混乱(Brown,1991,第 92 页;Miller and Ginsburg,1991,第 57 页)。

1976 年,英国工党首相詹姆斯·卡拉汉(James Callaghan)发表了著名演讲,引发了关于教育问题的"大辩论"(Great Debate)。批评者认为英国缺少一支熟练、积极且训练有素的教师队伍。"大辩论"呼吁教师要把学生教育成为更好的工作者,并要求他们要更加负责地执行这一"教育标准"。同时,大辩论也阐明经济与教育结合的必要性。人们呼吁教育应该为企业发展经济提供有效的辅助(Warwick,1993,第 5 页)。因此,政府重新规划了教育的发展方向。不过,在重新界定教育的过程中,伴随的是英国资本主义发展的种种危机。英国经济相对下滑的趋势贯穿整个20 世纪,但这种危机在 20 世纪 70 年代中期就开始变得更加明显起来(Miller and Ginsburg,1991,第 57—58 页)。

赫克斯托(Hextall,1988)认为,大辩论与新右翼的一些核心主张非常相似。这些尝试之所以令人无法信服,部分原因是工党一直以来都无法表明自己究竟会用何种方法实现入学机会及学业成就均等这一目标。整个大辩论所做的努力更像是一种政治机会主义,不但导致了盟友间的疏离，也未能让对手信服。

尽管在历史传统上，英国拥有免费的公立中小学教育和高等教育，但英国却仍然是一个阶级分化的社会。大量学生中途辍学，他们无法在16岁以后继续接受高等教育，也无法获得能够让他们进入劳动力市场的职业技能。虽然在20世纪60至70年代间，英国接受"中学后教育"（Post-secondary Education）的人数大概翻了一番，但这一数字仍大大低于美国和一些西欧国家。批评者认为，福利国家所背负的巨大财政负担以及过时的教育和劳动力培训体制让英国的经济发展止步不前（Guthrie and Pierce，1990，第203页）。

2. 20世纪80年代的教育重组

20世纪80年代开启了英国自20世纪50年代以来影响最为深远的教育改革。根据1980年、1986年和1988年教育法的规定，权利从地方教育局（LEAs）和教师工会转向中央和学校层面，包括中央政府、学生家长和商业团体等（Halls，1994，第6521—6522页）。布朗（Brown，1991）认为，尽管经济情况和教育改革存在密切的联系，但不能仅从经济状况的变化来解读20世纪80年代末英国进行的教育体制改革。在英国，对于学校无法满足行业需求的批判之声加深了新右翼对"全面教育"主张的攻击力度。因此，如果不了解以教育与经济关系为焦点的大辩论的政治背景，就很难理解英国教育界所发生的变化（Brown，1991，第91页）。在本小节，我将结合英国的政治背景介绍20世纪80年代英国在教育方面所发生的主要变化。

20世纪70年代，英国失业率攀升。20世纪80年代初，年轻人劳动力市场的崩溃使失业率达到了顶峰，由此导致人们对战后教育和经济关系的全面质疑，这同样也给教育系统带来了深远影响。托马斯（Thomas，1986）表示，从1975年到1982年期间，英国年轻人失业率增长了五倍，这一现象似乎也证明英国的年轻人对就业缺乏准备。政府缩减了教育经费，将教育从学术教育转向职业教育，并试图把教育系统置于自由市场的竞争中。迪金（Deakin，1996）证实，在1983年，16至19岁的年轻人就业率高达 25％。新一届保守党政府极大调整了对年轻人劳动力市场的干预政策。英国政府没有采取"放任自流的政策",而是着手进行全新的培训项目。培训体系包括三个不同的项目:①1982 年开展的技术和职业教育计划(Technical and Vocational Education Initiative,简称为 TVEI)。该项目 14 岁以上的孩子在接受中等教育的同时提供一些职业教育;②1983 年开展的年轻人培训计划(Youth Training Scheme,简称为YTS)。该项目为 16 岁的辍学青年提供由政府资助的在职及脱产培训;③1982 年的青年工作者计划(Young Workers Scheme,简称为 YWS)。该项目旨在为 17 岁的年轻工作者提供就业补贴(Deakin,1996,第 16—17 页)。

在批判教育的过程中,新右翼党派并没有质疑学校在塑造学生理想抱负以及解决国家经济问题和社会问题方面的潜能。他们真正批判的是教育组织形式和教学内容设置只是一味遵守教育机会平等的自由民主原则,却在很大程度上忽视了"国家利益"。对人力资本进行投资的正确性是毋庸置疑的,但要保证学生接受的教育要与其未来的职业相关。在撒切尔政府执政期间,政府重新设置了中学课程来减小行业需求和学校教育之间明显的差距(Brown,1991,第 93 页)。

1979 年,保守党以教育失败为有力武器,战胜工党,赢得了大选(Miller and Ginsburg,1991,第 60 页)。撒切尔保守党政府延续了卡拉汉的政策,尝试从更深的层次重新界定国家与教育之间的关系。霍尔斯(Halls,1994)认为,保守党的政治理念是通过鼓励自由市场、尊重个人选择以及支持利益最大化来保证效率提升和民众安居乐业。在 20 世纪 80年代,由于学校没有很好地实现教育目标,政府和普通民众都表示出对教育现状的不满。学生家长认为学校设定的标准过低,并且自己在孩子教育方面几乎没有任何发言权。政府官员也表示不满,认为高等教育和继续教育应该更具有职业导向(Halls,1994,第 6516 页)。英国民众从不同角度对保守党的种种举措进行了批判。激进派和自由派人士也认为保守派的这种做法是要学校回归过去以学业成绩为标准的选择机制。另外,人们还对中央政府加强集权管理的行为给予了猛烈的抨击。但因为当时政府同时削减了对卫生服务部门的财政投入,这使英国民众将更多的视线转移到卫生服务部门,从而在一定程度上减轻了对《1988 年教育改革法案》(*1988's Educational Reform Act*,简称 ERA),即《贝克法案》(*the Baker Bill*)的攻击力度。因此,尽管民众发出了强烈的反对呼声,政府仍然颁布了《贝克法案》。该法案最重要的两项条款是:实施公开入学注册以及地方财政管理制度(Miller and Ginsberg,1991,第 66—71 页)。

《1988 教育改革法案》是撒切尔政府第三个任期的最初举措,它将创业文化纳入政府资助的教育范围当中。该法案采用的全国统一课程设置既没有借鉴 20 世纪 80 年代的经验,也没有采纳创业教育或技术和职业教育计划(TVEI)的课程设置。该法案的灵感来自 20 世纪 50 年代以学科为基础的文法学校(grammar school)的课程设置。很多教师认为,国家课程设置的核心和基础学科及其评估体系名目繁多且规定严格。这不但给学生带来不小的压力,还给教师造成了很大的束缚。而一些学校在20 世纪 80 年代设置的创业教育课程氛围也被新的、以学科为基础的课程排挤得所剩无几了(Peffers,1998,第 38 页)。但沃里克(Warwick,1993,第 5 页)认为,《1988 年教育改革法案》促成了各行业与教育之间的合作。例如,公立学校首次为 5 到 16 岁的学生开设了国家统一课程(National Curriculum);政府部门扩大了行政范围,能够更好地代表地方社区的立场;学校可以更加自由地安排财政分配等。

赫克斯托(1988)对一些保守的教育项目提出批评,认为其没能解决国家、地区以及地方存在着的实质性矛盾,也没能充分说明长期大规模失业问题日益加剧的原因。在学校教育和劳动力培养间的关系破裂后,学校教育的合法性发生了怎样的变化? 赫克斯托认为教育中所谓的"技能和培训"是有欺骗性的:

　　　　在这个大力倡导社会分工的时代,越来越多人感受到社会分工带来的束缚。在过去，国家为了让人们学习技能和接受培训，采取的是说服教育的手段，但现在则采用了更为强硬的手段。事实上，除了接受保守主义教育中的技能和培训外，人们还有其他选择。这是因为人性绝不是像新右翼党派所假设的那样：纯粹的自私、利己或冷漠无情（Hextall，1988，第74页）。

（二）英国民众对创业持有的看法

斯蒂芬斯（Stephens，1991）认为，在传统意义上，创业者一词是用来形容那些在工业革命初期取得成功的制造商和商业大亨的。一般来说，经济上的成功被认为是努力、天赋加上一点儿运气的共同结果。近些年，对于创业者一词人们有了新的看法：一是相信创业者一词是可以被准确界定的；二是适当的教育和培训是可以培养创业者的。

斯蒂芬斯（1991）认为，英国人对创业者往往持有一种浪漫主义的看法，而这种看法的起源可以追溯到工业革命的初期。英国继续教育部（Further Education Unit，简称为 FEU）在 1988 年 7 月的那期"创业教育论坛"（Enterprise Education Bulletin）中列举了人力服务委员会（Manpower Services Commission，在 1989 年被重新命名为"培训机构"）总结的创业特质：敢于尝试、果断决策、善于影响他人、具有内驱力、办事果断以及能够控制进程。继续教育部认为除了以上特征以外，还有一些其他特征，如分担责任、接受决策、懂得合作、听取建议、为他人提供建议以及参与讨论协商等。斯蒂芬斯表示以上提到的很多创业特质与大多数人心里所想的创业者的特质并不相符。从英国传统意义上来说，创业者不具有"接受决策"和"分担责任"的特质。英国传统意义上创业者的特征应该是办事果断、敢于尝试、坚定不移、足智多谋以及具有非同一般的内驱力（Stephens，1991，第 11 页）。

海因斯（1996）回顾了一些关于创业教育对英国年轻人的吸引力和重要性的研究，他引用了柯伦和斯坦沃茨（Curran and Stanworth，1989）的调查。该研究表明英国学生对创业和小企业经营持积极态度。斯科特和图米（Scott and Twomey，1988）研究了英国、美国以及爱尔兰学生职业理想与创业之间的关系。324 名英国学生参与了此次调查，其中 25％的学生构想过商业创意，41％的学生渴望自我雇佣。这项研究还有一个有趣的发现：倾向自我雇佣的英国学生与那些想在小企业工作的学生有很大区别，后者的想法与那些想在大型公司工作的学生相似。尽管这项调查表明学生对创业抱有极大兴趣，但与此同时也表明，学生们不太了解小企业进入市场的渠道以及经营模式。

（三）英国社会中的创业情况

西姆斯（Sims，1991）认为英国在创新方面，尤其是科技创新方面成绩显著，但在如何利用创新成果获利方面却表现平平，英国人总是廉价出售他们所取得的成果。过去的市场不像现在这么开放且充满竞争，高质量及精湛工艺使英国一直占据着霸主地位。但是，英国人现在还牢牢抓住那些已经失去竞争力的行业。他们不断重复着"以往一直在做的事"，因为这样做就代表着秩序和稳定。总体来说，英国工业之所以会发展缓慢也许是因为人们在 20 世纪 60 年代期间秉承越"大"越"好"原则的结果。汽车行业就是一个最好的例子。随着英国霸主地位的丧失，人们对过去已经丧失了信心，英国需要为本国的未来进行筹谋。按照英国一贯的处事方式，它需要找到导致工业没落的"罪魁祸首"，而教育就一定会是那只"替罪羊"（Sims，1991，第 100 页）。

同时，西姆斯认为受到福利国家制度以及个人安稳主义的影响，整个英国社会的态度让人很容易失去冒险精神。二战后，仁慈的政府提供了一系列"从摇篮到坟墓"的福利政策，这使英国民众一直都过着无比舒适的生活。因此，在没有"营救者"在旁的环境中，冒险这个概念对于英国人来说是无比陌生的。英国民众认为，无论自己何时"跌倒"，都会有人会"搀扶"。然而这种观念对自由创业却是绝无益处的，因为自由创业本身就伴随着不期而遇的危险（Sims，1991，第 99 页）。

西姆斯(1991)认为,在美国,一个企业倒闭并不一定会给创业者带来恶名或妨碍其重新创业,然而在英国,企业倒闭就意味着永远无法再次踏入商界。英国人不能很好地看待失败,他们通常无法原谅犯错,这是因为英国的阶级制度和保守的社会态度促使他们对待事情过于小心谨慎(Sims,1991,第98—99页)。追求个人利益是让英国企业保持活力的主要驱动力,同时也是激励英国创业者的主要力量。个人利益是永远存在的,但在国家大背景下,仅依赖追求个人利益的创业活动是无法真正"创造财富"的,这也是为什么创业在英国没有那么大吸引力的主要原因。

沃茨和莫兰(Watts and Moran,1984)在他们出版的《创业教育》(*Education for Enterprise*)一书中介绍了企业人际网络教育(Education for Enterprise Network)。该书是英国正在开展创业活动的有力证明。创业教育网络汇总了英国的各种创业项目,目的是在年轻人心中树立"创业"的观念。佩弗斯(Peffers)提到,皇家艺术学会(Royal Society of Arts)在1986年开展了名为"1986行业年"(Industry Year 86)的全国性活动以促进创业。随后,在1987年和1989年又分别组织了"业内大事"(Industry Matters campaign)活动。佩弗斯指出,英国技术和职业教育计划(TVEI)项目也在这一时期达到了活动的巅峰。同时,在这种环境下,"微型企业学校课程项目"(Mini Enterprise in School Curriculum,简称为MESP)、"青年创业组织"和"学校课程行业合作"(School Curriculum Industry Partnership)及其他校企关联组织都蓬勃发展起来。另外,"教师教育中的创业意识"(Enterprise Awareness in Teacher Education,简称为EATE)项目在1988年正式启动(Peffers,1998,第35页)。

现在,英国提供给创业教育者的创业支持体系非常完善,这也证明创业教育在英国社会中已经根深蒂固。校长和教师可以从校外的众多机构中寻求帮助:

> 这些机构包括本地企业和全国性企业,如壳牌石油公司(Shell)英国总部或一些本地企业;银行、建筑协会和保险公司;苏格兰和威

尔士发展机构(Scottish and Welsh Development Agencies);教材编写机构,如杜伦商学院(Durham Business School);监察机构;还有国家课程委员会(National Curriculum Council)、威尔士课程委员会(Curriculum Council for Wales)以及苏格兰课程协商委员会(Scotland's Consultative Committee on the Curriculum)等(Drought and Morden,1991,第69页)。

(四)创业教育的前身

通过对文献的梳理,本研究发现英国在20世纪70年代产生了大量关于政治、学术以及哲学的基本原理,这些基本原理使英国学校和社区的联系变得更加紧密。"校企合作"运动(schools-industry movement)中所使用的基本原理为创业教育发展提供了明确的背景知识。这些原理同样适用于社区教育、管理教育、"进步"教育以及能力教育运动(Education for Capability movement)等。接下来,我将回顾基本原理的发展及演变。

1938年,亨利·莫里斯(Henry Morris)在公共管理学院(Institute of Public Administration)举行了一次演讲。他这样说道:"我们国家的教育机构就是围绕着教室、课堂和课本进行教学,总是没完没了地说教和东拉西扯(Poster,1982,第111页)。"

莫里斯的观点推动了社区教育的发展,他提出的理由也为"校企合作"运动和创业教育运动提供了理论基础。在主要党派和教育者达成了以"巴茨凯尔主义"为代表的共识后,社区教育得到了极大的发展。所谓的"巴茨凯尔主义"共识即是"学校接受与企业之间的近距离接触,并全心全意地满足资方的整体需求(Coates,1994,第183页)。"在20世纪60年代,人们指责教育不考虑未来发展的需要,指责高等教育仅适合一小部分社会精英。班克斯(Banks,1968)认为,社区综合中学当时得到了民众的支持，并且可以应对教育中存在的问题。综合中学解决问题的方法与社区教育的原则也是一致的。

据波斯特（Poster，1982）考证，霍利（Holly，1971）曾提议开展探究式学习（inquiry -based learning），让社区参与教学过程并赋予社区对学校课程的决策权。在 20 世纪 70 年代末到 80 年代初，成立学习小组积极解决问题以及邀请当地经济团体参与教育是"校企合作"运动的标志（Poster，1982，第 116 页）。米德温特（Midwinter，1972）描述了一所利物浦中学组织的超市模拟课堂，学生通过角色扮演的方式体验超市中与数学相关的认识货币、盘点库存以及现金流动等内容。他认为，孩子们通过这种社区导向型课程能够认识到教育同自身以及所处环境的密切关系。这种教学原理和教学方法凸显了提倡"校企合作"运动的初衷。

社区工作对学校课程也起到一定作用。昂戈德-托马斯（Ungoed-Thomas，1972）强调，不仅社区要对学校负责，学校也要对其所处的社区负责。同样，沃德和菲桑（Ward and Fyson，1973）也坚持认为社区学校不仅是一种社区资源，它与当地的工厂、仓库、办公室、物流、市政、超市以及排污厂都有着千丝万缕的联系。佩弗斯（1998）认为，无论是在过去还是现在，"校企合作"运动的支持者都一直提倡以上观点。波斯特（1982）强调学校课程不能再固守传统，一成不变。他找到充分的理据来证明学生接受社区教育是在为今后的生活和工作做准备。这种理据成为当时推动"校企合作"运动发展的强心剂，同时它也从现实角度证明了教育与经济的紧密联系，而这种联系正是英国政府所期盼的。

除了社区教育运动之外，主动学习和管理教育也是"校企合作"运动的理论基础。正如贾米森、米勒和沃茨（Jamieson，Miller and Watts，1988）所讲的那样，公司管理者同时参与学校活动和企业管理，能够把管理教育中的灵活方法引入日常"校企合作"运动的实践当中。同时，这也实现了政府想要达到的目标——将教育与经济更加紧密地联系起来。

另外，进步主义教育思想也影响着"校企合作"运动。贾米森等学者（1988）认为"校企合作"运动是进步主义教育中最极端的一个。在进步主义教育学派中，弗莱雷（Freire,1970）反对进行银行业务教育，他认为银行业务教育只能让学生知道如何在银行接收文件和存款。伊利奇（Illich,1971）对学生只能在学校接受教育的观点提出质疑。在"1986 行业年（1986 Industry Year）"活动中，韦尔（Weir,1986）也同样对此提出质疑并指出创业教育已经不是什么新概念，只不过是将 20 世纪 60 年代提出的赋权概念用经济外衣加以重新包装而已。另外，凯尔德（Caird, 1990）对此也持有相似观点，她发现作为一种进步主义教育，创业教育已经发生了改变。

在本小节的背景回顾中，我解释了英国经济是如何重塑教育的。在教育改革过程中，《1988 年教育改革法案》是一个转折点，它将主动性和创业引入学校教育。我还简要地介绍了引领创业教育的社区教育、管理教育、进步教育以及能力教育运动。在"校企合作"运动中，我们首次发现明显的创业教育迹象。接下来，我将简要地介绍英国对创业教育的总体看法，以便使读者能够更好地了解英国的文化背景。

二、英国主要文献对创业教育概念的建构

在英国，创业教育的英语表达为"enterprise education"而不是"entrepreneurship education"。与后者相比，英国的创业教育更注重培养个体特质（Gibb,1993,第 12 页）。尽管针对创业教育的项目（如"青年创业"项目）在 20 世纪 60 年代初就已经在英国兴起，但实际上创业教育在 20 世纪 80 年代初才开始受到广泛关注。创业教育一词在不同的评论者和从业者眼里具有不同含义。即使是同一评论者，比如劳（Law），从 20 世纪 80 年代开始至今曾在不同时期对创业教育的益处做出了不一样的判断（Peffers,1998,第 32 页）。在本小节中，我将回顾英格兰和威尔士对创业教育进行的各种不同界定。关于创业教育定义的分析与上一章结构一致，但内容有所不同。接下来，我将同样从系统、组织和参与者三个层面对英国创业教育的概念界定进行探讨。

（一）系统层面定义

系统层面的文献是从教育系统的角度对创业教育进行界定。我将介绍其中两个主要的定义，界定者分别是沃茨（Watts）和凯尔德（Caird）。根据文献回顾，这两种定义在英国都受到广泛认可。创业教育的相关研究得到英国许多政府部门和大型公司的支持。当时，英国的传统行业整体衰落，失业率攀升（特别是东北部地区）。在这种情况下，创业教育这一概念应运而生（Gibson，1994，第47页）。英国创业教育最具创造性的关键在于它被设计成学校基础课程的一部分。在日常教学中，具有不同学科背景的老师教授创业课程，这种方式非常适用于不同能力和年龄的学生群体（Gibb，1993，第30页）。自1987年以来，英国越来越强调要让更多人接受创业教育，而从《1988年教育改革法案》将创业教育作为跨领域课程引入国家课程设置以来，创业教育更是受到了极大的重视（Hirch，1992，第60页）。

沃茨（1984）将创业教育运动中的活动分成两类：①脱离教育机构和教育背景的商业活动；②提高学校年轻人自主创业意识和创业热情的活动（Watts，1984，第3页）。

英格兰杜伦商学院基于凯尔德（1990）提出的创业教育定义，开创出一套新的创业教育模式。凯尔德建议从以下三个角度界定创业教育：

① 以创业为目标的教育活动；

② 与创业相关的教育活动；

③ 经由创业进行的教育活动。

在英国，75％以上的中学购买了基于这一教育模式研发的教材，1,000多名教师参加了相关的培训研讨会。

克朗普顿（Crompton，1990）认为，以上这三个角度从本质上反映的是两种既对立又统一的创业文化。

第一种创业文化致力于通过教育项目重塑经济。这些教育项目有助于提高学生对"财富创造"过程的理解,培养他们对创业和就业的积极态度并为其提供相关技能。第二种创业文化界定更加宏观,认为在当今快速发展的社会中,创业或者创业能力对个人来说是不可或缺的生存工具;创业应解决社会、环境、政治和经济等领域的一系列问题。这种文化提倡创业教育应该被纳入到学校的整体课程设置当中,而不仅是为学生踏入未来职场开展的特殊教育内容(Crompton,1990,第 17 页)。

(二) 组织层面定义

组织层面的定义主要围绕的是如何组织实施创业教育以完成教学任务。英国的创业教育属于国家课程的一部分,一般从系统层面对其加以界定。因此,对英国从组织层面对创业教育进行界定并不像对美国来讲那样意义重大。

英国中小学课程设置的目的是要培养学生的交际能力和性格特质。德劳特和莫登(Drought and Morden,1991)研究了英国中小学的课程内容。创业教育课程可以培养学生的创业特质,但针对是否应该鼓励教师在其他课程中也重点培养这些特质的问题,德劳特和莫登提出了自己的观点:

> 任何一个教育系统都希望培养年轻人具有以下特质:具有冒险精神,但却不鲁莽行事;能够预计风险,并相信自己的判断。创业教育能够帮助青少年为踏入商界做好准备,因为经商很可能会是很多年轻人今后谋生的手段。但以上提到的这些特质在塑造学生性格方面具有更大的价值。因此,学校应该考虑培养学生的这些特质(Drought and Morden,1991,第 76 页)。

在英国,企业和教育之间存在的实际合作伙伴关系具有重要的作用。

撒切尔政府的主要政策目标之一就是要使企业和教育更加紧密地联系起来。国际合作网络(IPN)将其总部设在华威大学教育和产业中心(Centre for Education and Industry,简称 CEI),该中心是华威大学与美国全国教育合作伙伴协会(National Association of Partners in Education,简称 NAPE)共同建立的。我们在前一章已经探讨过美国的创业教育,"校企合作"的内涵比创业教育概念更加宽泛,很多创业教育活动的实现都要依赖于这些合作关系。经济合作与发展组织在《学校和企业:新合作伙伴》(School and Business:A New Partnership)一书中称:"在英国中学里,几乎所有合作项目都与创业教育和了解企业相关。"该书还指出,在英国建立校企合作伙伴关系是国家课程改革中的一部分(Hirsch,1992,第43 页)。但也有人对校企之间开展的活动提出批评。德劳特和莫登表示,也许是因为企业想树立一个关心合作伙伴的形象,这导致校企之间开展的很多的接洽工作停留在比较肤浅的层面。企业为一些饱受资金缺乏困扰的学校投入了大量时间、金钱和各种物质资源,学校本身以及地方教育协会都因此对企业充满感激之情,但校方也要明白企业投入资金并不能一定促进创业教育的发展。德劳特和莫登强调,这种环境虽能够为创业教育的发展提供背景支持,但还称不上是创业教育(Drought and Morden,1991,第70 页)。国际合作伙伴网络论坛(Circuit,1996)声称,当今欧洲的许多校企合作主要致力于推动建设知识导向型社会。教育和产业中心(CEI)也在开展学校课程企业合作项目(School Curriculum Industry Partnership,简称为 SCIP)。

自 1978 年以来,学校课程企业合作项目一直是推动教育与企业合作的先锋,教育与企业合作加强了对青少年的教育和培训。学校课程企业合作也在很多方面为中小学课程提供了资源和培训支持(CEI,1998)。

(三) 参与者层面定义

参与者层面的定义主要着眼于接受创业教育的个体。人们能够从创业教育中获得哪些价值呢? 参与者层面的定义强调,从参与者或个体角度入手是界定创业教育的重要因素。

在之前有关创业的探讨中,我们已经详细介绍过吉布提出的个体特质理论。虽然个体特质理论主要是与培养创业者的创业文化发展相关,但该理论不一定只适用于那些"以盈利为目的"的小企业或者创业者。因此,这些个体特质可以适用于任何情境,而不仅限于商业背景(Gibb,1990,第 37 页)。

英国的戴维·沃里克教授(David Warwick,1993)是创业教育组织的代表。他的创业定义包括创造能力、风险承担能力以及将创意付诸实践的执行能力。"创业者"一词在词典中通常包括:开拓探索、勇于冒险、勇往直前、积极进取、乐观向上以及胸怀大志。创业教育的主要目标(吉布提倡经由创业而进行创业教育)是要培养学生的创业行为、创业技能和创业特质,同时让学生学习知识并理解所看到的具体现象。创业教育与行动学习和发现学习的最大不同就在于,创业教育是在独立的模拟项目中进行的,通常是一些"以盈利为目的"的小企业或者非营利的模拟项目(Gibb,1993,第 15 页)。

吉布森(1994)强调,创业教育致力于直接激发人们的创业热情,激励人们做出改变。他还认为,个体改变能够促进社会经济和文化的改变。虽然社会经济和文化的改变并不是特别明显,但一定能在提高就业率,特别是在创业和小企业发展中有所体现(Gibson,1994,第 52 页)。

里斯(Rees,1992)引用了欧洲著名社会和研究机构"独立理财顾问计划"(IFAPLAN)给出的创业教育定义。该定义强调培养年轻人对自身生活的掌控力,也就是要给年轻人赋权。

　　创业教育是对学校提供的教育或培训的总体概括。这些教育和培训的目的是要影响青少年的生活态度和行为,旨在让年轻人变得更加积极主动,能够独立地把握自己的未来(IFAPLAN,1986,第9页)。

本小节从三个不同层面回顾了英国创业教育的定义。系统层面定义是从整体教育系统角度对创业教育进行的界定。因为国家支持创业教育,所以许多文献都对系统层面的定义进行了专门研究。同时,参与者层面的定义在英国得到了同样的重视,这是因为这些定义强调创业教育的对象就是参与者。最后,我将用表 5-1 总结本小节提到的参考文献出处。

表 5-1　建构英国创业教育概念的相关文献

系统层面定义
沃茨(Watts,1984)
杜伦大学商学院凯尔德(Caird,1990)
克朗普顿(Crompton,1990)
组织层面定义
德劳特和莫登(Drought and Morden,1991)
赫施(Hirsch,1992)
参与者层面定义
吉布(Gibb,1993)
华威(Warwick,1993)
吉布森(Gibson,1994)
独立理财顾问计划(IFAPLAN,1986)

三、英国主要文献就创业教育基本原理展开的学术论争

英国对教育进行了大刀阔斧的改革,创业教育甚至被看成是政府力求变革打出的一张"王牌"。因此在英国,针对创业教育所展开的论争一直以来都非常激烈并且充满强烈的政治色彩。本小节的结构与第四章中介绍美国创业教育原理论争部分的结构相同。我将分类介绍不同的论据,次序也与上一章相同,分别从社会和个体角度介绍支持性论据,再分别从这两个角度介绍反对性论据。

(一) 支持创业教育的论据

英国的绝大多数论据都支持创业教育。这很正常,因为英国教育政策的颁布受到中央政府的高度控制。英国政府颁布了一系列统一且涵盖

面广泛的教育改革政策。接下来,我将从以下两个方面探讨支持性论据:一是创业教育有助于社会发展,二是创业教育有助于个体发展。

1. 创业教育有助于社会发展

这一观点的支持性论据可以按照国际、国家和地方发展分为三个类别。国家层面的论据最具说服力,而且能够直接证明创业教育促进了国家经济发展。从数量上看,绝大多数认为创业教育能够促进国家发展的论据都是出自正规文献及官方的观点。

(1) 创业教育有助于国际社会发展

作为世界历史上第一个工业化国家,英国在国际创业教育的讨论中具有绝对的发言权。很多跨国公司把总部设在英国,还有一些组织机构通过给英国提供项目材料而获利,他们有充分的理由从国际社会发展的角度提倡在英国开展创业教育。

在商界,经济的国际化需要人们使用国际化的商业策略。对此,唐纳德·赫施(Donald Hirsch,1994)提出疑问:是否应该把学校和企业之间的合作也拓展到跨国公司的层面。在商界,企业与教育的合作往往都是社区和公共事务或慈善事业的一部分。这种合作是应该完全由当地环境决定,还是应该部分或全部由中央政府控制?

> 对于一些想要在国际市场上分一杯羹的公司来说,努力尝试在社区中找到自己的位置有助于他们在国际大环境中占有一席之地:(Hirsch,1994,第 2 页)。

为了说明这一问题,赫施列举了著名的英国石油公司(British Petrol,简称为 BP)。该公司已经开始采取行动设法解决以上问题。英国石油公司是世界 500 强企业排名第九的大公司。其总部设在英国,在世界 70 个国家设有分公司,员工达到 70,000 人。该公司的主要业务是石油开采、提炼和销售以及石油化工(Hirsch,1994,第 9 页)。英国石油公司在其《企业目标声明》中写道:

英国石油公司致力于在全世界帮助教育年轻人，使其为将来能够将来可以在经济活动和社区建设中贡献力量做好准备（Warwick，1993，第 33 页）。

赫施又补充说：

这是一个共同目标，在任何地方都是正当的。这一目标与英国石油公司的总体目标密切相关，即让公司被其所在的社区广为接受（Hirsch，1994，第 11 页）。

另一个从国际层面推广创业教育的机构是杜伦大学商学院的创业与行业教育部（Enterprise and Industry Education Unit of Durham University Business School，简称 DUBS）。该机构致力于将教育与企业更加紧密地结合起来，主要为教师培训项目研发相关且切实可行的教学材料。在前一章我们就已提到过，杜伦大学商学院的教材在英国非常普及，甚至还拓展到了海外。近期，已有多所海外学校（如匈牙利、波兰和芬兰的学校）采用了杜伦大学商学院的培训教材（附录 3 是杜伦大学商学院教材目录）。同时，华威大学教育和产业中心也已经将创业教育拓展到了海外，如斯洛伐克（Peffers，1998）。

杜伦大学商学院的吉布森（1994）认为，在未来，创业教育将会成为发展机构使用的有效模式，尤其适用于发展中国家。他表示，营造创业氛围是世界银行（World Bank）"市场友好型"发展模式的主要元素之一（World Bank，1991）。他还引用了格里和帕纳约托普洛斯（Gerry and Panayiotopoulos，1991）的观点："大多数双边和多边机构都认为应该在全世界范围内传播和拓展创业活动"。吉布森说：

一些发展机构开展教育和培训项目，旨在促进社区发展和增加收入。对于这些发展机构来说，创业教育为他们提供了一种新模式。

事实上,许多涉及面较广的项目之间存在着一些对立和矛盾(特别是在经济领域和社会领域),而这些对立和矛盾很可能在创业这个统一的主题下得以化解。国际社会现在面临的挑战是,如何利用创业教育原理帮助发展中国家那些没有接受过教育且经济状况不佳的成年人(Gibson,1994,第 54—55 页)。

(2) 创业教育有助于国家发展

在英国,支持创业教育的论据大多数来自于国家层面。这些论据主要来自于两方面,即英国政府和英国企业。

欧洲一直在推动建设未来的学习型社会,包括建立学习型组织机构和创业学校。在 20 世纪 80 年代,大多数欧洲共同体国家对鼓励年轻人创业的活动给予了极大的支持。许多国家有意尝试将国家课程与国家经济需求更为紧密地结合起来(Hirsch,1992,第 44 页)。作为欧洲的经济强国,英国首先进行了这样的尝试。在 20 世纪 80 年代,英国主要的政治议题就是如何发展国内的创业文化。随着《1988 教育改革法案》的颁布,英国尝试将国家课程与国家经济更加紧密地结合起来。

英国需要创业教育治愈国家经济的顽疾。20 世纪 80 年代初,当英国经济陷入困境时,新右翼党派将部分责任归咎于国人缺乏创业精神,而学校也要为此承担责任(Elliott and Maclennan,1994,第 11 页)。沃茨(1993)认为,当时青年人失业率激增,而且存在许多妨碍人们充分就业的因素。在这种情况下,创业教育随之产生。西姆斯(1991)清楚表明:

> 如果我们无法让人们以开放的心态面对自由竞争,无法引导人们克服创业路上那些已知的危险与陷阱,整个国家就将一直处于危险的境地(Sims,1991,第 114 页)。

海因斯(1996)也支持上述观点,认为所有学生都应该接受创业教育:

　　对于一个国家而言，创业在创造就业机会、促进经济发展方面发挥着诸多重要的作用。如果能够给非商科专业的学生提供创业教育，创业的益处将会进一步增加。事实上，非商科院校的学生也同样有能力提出新颖、独创的创意。创业教育和培训能够进一步促使这些创意的发展（Hynes，1996，第 10 页）。

　　通过校企合作项目，英国公司对创业教育产生了极大的兴趣。企业和学校之所以会进行合作，很大程度上是因为经济因素。所以，这种合作关系是创业教育的重要组成部分。经济下滑与教育落后之间的密切联系也成为校企合作的强大推动力。毕竟，如果教育系统能够帮助青少年更好地为职场生活做准备，这在总体上对所有雇主都是有益的。不过在大多数情况下，只有一小部分学生会选择留在合作项目企业中继续工作。因此对企业来讲，在教育改革中得到的回报远远低于投入。但或出于利他的原因，或出于对商界了解，仍有很多企业愿意尝试继续投资，因为毕竟这种共同努力会使所有人都获益。通过对教育的"战略性投资"，企业希望他们的员工不仅可以为工作，也能为将来的学习做好充分准备（Hirsch，1992，第 35—36 页）。

　　戴维·沃里克（1993）在《国家财富：企业与教育之间的实际合作关系》（*The Wealth of a Nation：Practical Partnership between Industry and Education*）一书中这样写道：

　　　　人们经常说，工业对国家财富积累做出了主要贡献，而制造业的贡献是最大的（Warwick，1993，第 1 页）。

　　书中列举了几个真实的校企合作项目，并对如何建立这样的合作关系给出了建议。金（King，1993）也通过举例详细介绍了如何通过颁布国家政策来促使企业与教育之间建立广泛的合作关系。金的英国化工制药公司（ICI Pharmaceuticals）主要从两个方面建立起校企间的合作：一是企业要确保项目在全国范围内的统一性；二是地方要确保公司的战略目标在全国范围内得以实施。在 1990 年到 1993 年间，每年有超过 2,500名学生至少参与一项校企合作类的活动。另外，这个实例证明与学校的合作能够为公司带来明显的利益，比如：可以招聘年轻人到公司做实习生、实验室助理和学徒；在当地建立起公司的声望；企业更加理解自身需要做出的贡献以及实现年轻人（16 到 19 岁）的高留职率（占当地的 64％）（King，1993，第 62—74 页）。

正像韦尔德（Weird，1986）所说的那样，信托公司和企业认为他们的任务就是帮助学校进行创业教育，因为他们知道自身的生存要依靠帮助年轻人从事个体经营和小企业经营来实现。埃利奥特和麦克伦南（Elliotand and Maclennan，1994）认为，最早推动创业精神发展的一部分力量来自商业团体，尤其是在 20 世纪 70 年代出现的小型个体商业团体。这些企业对政府进行游说并施压，希望政府能够考虑他们的困境。英国的个体企业论坛（Forum For Independent Business）就是这些积极团体的代表，该论坛和其他同类型的组织机构指出，小企业正在逐渐走向衰落，经济力量不断向大企业集中，对经济和社会产生了各种影响。

> 他们要求政府和银行为其提供更多的支持和帮助，呼吁学校更加重视培养学生的创业技能，同时也要求社会为想创业的人提供更多的教育培训项目（Elliotand and Maclennan，1994，第 11 页）。

（3）创业教育有助于地方发展

英国地方层面的论据证明，推动创业教育发展有助于给少数族裔提供更多的帮助。各个少数族裔问题相互之间存在一定联系，所以没必要分开处理。自 20 世纪 70 年代起，学术界就开始关注少数族裔创业的问题。

1981 年发生的城市暴乱迫使政府对少数族裔问题做出回应。巴雷特和琼斯(Barrett and Jones,1996)推荐了斯卡曼报告(Scarman Report,1986)提出的一个关于治理布里克斯顿(Brixton)社区的建议。报告指出,应该推动非洲加勒比裔及非洲社区的人进行创业,以使"非裔英国人脱离穷困"。斯卡曼主张,非裔英国人聚集社区可以通过创业的方式争取成为正式的社会成员(Barrett and Jones,1996,第3页)。与此同时,沃德和里夫斯(Ward and Reeves,1980)也共同发起了一项活动,该活动与斯卡曼报告的观点相辅相成。此活动的研究项目致力于解决"经商的非裔英国人比例很低"的问题。巴雷特和琼斯总结道:除了赞成斯卡曼的主要提议外,人们在其他很多问题上都已经基本达成一致(尽管还存在少许分歧),如政府应该努力消除种族歧视,特别是在银行业和金融业,以便能够激发非洲族裔社区人们真正的创业潜力。

创业不仅是人们心中的一份渴望,也是一条切实可行的道路。在英国,一股新的南亚商业力量用真实的例子证明,遭受排挤的少数族裔也同样能够取得成功。事实上,亚洲商业团体正是通过勤奋努力取得成功的杰出代表(Barrett and Jones,1996,第3页)。

2. 创业教育有助于个体自身发展

支持创业教育有助于个体发展这一观点是从论述年轻人自力更生的文献中提取出来的。这种观点认为,创业教育与年轻人自力更生密不可分。大多数致力于创业教育工作的青年组织也是基于此观点组织并开展活动的。教师之所以支持创业教育,也是因为他们认为创业教育有益于青年人的发展。

创业教育有助于青少年自力更生。前文中我曾提过吉布森的观点,他认为创业教育的核心是让个体更具有创业精神。他还强调,创业教育是专门为年轻人设计的。创业教育的学习过程以学生为中心、以学生为主导,并以学习者自身实际情况和对创业的理解为出发点。(Gibson,1994,第50—52页)

青年创业组织(Young Enterprise)成立于1963年,是英国创业教育的先锋组织。它以美国的青年成就组织(Junior Achievement)为榜样,致力于开展针对青年进行的创业教育。该组织的目标是"为年轻人提供机会了解企业组织、管理和运营的具体流程"。青年创业组织通过开展实际的教育项目,让青少年能够从中获得商业经验,促进个体发展。通过这些项目,各类学校能够与当地商业团体建立紧密的联系,这对双方来说都是有益的(Young Enterprise,1998)。

对于创业教育,教师有多种教学方法。吉布认为英国学校的创业教育的主要目标是发展学生的创业行为和特质(Gibb,1993,第 24 页)。而佩弗斯(1998)提出,教育官员协会(Society of Education Officers,简称为SEO)发布的《企业和教育的主要问题》(Key Issues for Industry and Education,1983)一文中,教师的观点被总结如下:

> 许多教师认为开展创业教育会帮助青少年树立信心,并使他们拥有顺利渡过失业期的必要生存技能(Peffers,1998,第 35 页)。

(二)反对创业教育的论据

创业教育理念与英国社会政治变革(如推动创业文化和在教育中引入市场意识形态)联系紧密,因此学术界存在很多对创业教育的批判之声。本小节将沿用第四章的分类方式列举英国反对创业教育的观点,同样可以划分为两类:一是出于社会原因反对创业教育;二是出于个体原因反对创业教育。大部分论据是从社会原因的角度而反对进行创业教育的。

1. 出于社会原因反对创业教育

出于社会原因反对创业教育的主要论据多是抨击执政党政策的。这一观点的论据可以分成四类:①创业教育带有政治色彩;②创业教育是一场骗局;③创业教育促进资本主义发展;④创业教育会加剧社会不公。

(1)创业教育带有政治色彩

创业教育带有政治和意识形态色彩,这一问题一开始就在英国引发了激烈的论争。接下来,我将探讨持有该观点学者的文献,并说明这些学者为何强烈反对带有政治色彩的创业教育。

吉布森(1994,第 52 页)认为创业教育本身没有任何政治倾向性。他认为这点是可以理解的,因为毕竟创业教育仅是在英国的学校系统中开展。在此之前,贾米森(1985)也提出过类似的观点,认为创业教育能够得到所有政治势力的支持。他引用了劳(1990)的观点:"一些研究者认为,以实现自我雇佣、创业、提高竞争力为目标的教育活动和小企业经营活动都带有明显的保守主义色彩。而另一些研究者认为,课程材料所涉及的思想交流、合作、保障就业权行动以及处事果断等内容似乎又带有明显的激进主义色彩"。贾米森、米勒和沃茨始终支持以上观点(Jamieson et al. ,1988,第 75 页)。不过,劳(1990)后来改变了他对创业教育的看法,认为"创业"一词绝不应纳入正式的教育术语中。

里奇(Richie,1991)提出,有些学者认为创业教育是保守党在 20 世纪 80 年实现意识形态变革的有力武器。柯伦(1991)指出,新右翼知识分子在学术探讨中大量使用创业文化一词。他还提到,"一些学者批评教育系统,认为创业教育理念会对学术研究产生弊端,因此,他们根本不会相信这种理念。"吉布(1993)则认为长久以来存在一个尚未解决的问题,即在没有明确界定"创业文化"一词之前,政治家们是如何使用这个词语的。他还指出,一些学者猛烈批评创业和与之相关的教育培训项目。因为他们认为,这都是宣扬意识形态或灌输政治活动的体现或延伸(Coffield,1990;Ritchie,1991)。吉布还强调,这些批判者根本没有打算通过实际合理的方式明确界定创业文化概念以及它与教育和培训之间的关系(Gibb,1993,第 25—26 页)。

一些学者认为,政府参与并支持创业教育能够促进创业教育的发展。而另外一些学者,比如劳(1990)则持相反观点,他认为"政府对创业教育的推动会降低人们对创业教育的信任度。"哈里斯(Harris,1993)评估了高等教育中的两个创业活动并得出结论:这两个创业活动都受到了特定经济和政治环境的影响。也就是说,这两个创业项目的目标都是直接由政治计划,而非教育计划所规定的。很明显,这样的结论无疑会激发那些真正致力于研究素质教育的学者的不满(Harris,1993,第 7 页)。总之,人们普遍认为,创业教育从一开始就无视教育者的意见。戴维斯和格皮(1997)在分析中指出,"在整个教育改革的过程中,英国主要以政治意愿为导向,而将教育专家完全排除在外。"由于教育者尚没有为创业教育做好准备,他们的作用也因此被忽视。德劳特和莫登(1991,第 62—63 页)提出,许多教师意识到他们缺乏对商业的了解,也没有亲身体验,因而导致无法将这些知识应用到课堂中。他们也可能会对创业教育涉及的新内容和新方法感到不适应,甚至是恐慌。事实上,绝大部分教师从未真正离开过学校,他们从中学进入大学,毕业后再回到学校成为教师。另外,这种职业选择的偏好也证明教师本身就不太具有创业精神。因此,批评者很容易认为,在教师潜移默化之下,学生也不会愿意承担风险。

埃利奥特和麦克伦南(Elliot and and Maclennan,1994,第 11 页)认为,对企业价值观的宣扬已经不需要畏首畏尾地潜藏在课程当中了,如今企业价值观在教育中已经得到了明显的体现。

除此之外,凯尔德(1990)提醒道,如果创业教育不再是公共政策的重点,政府对创业教育的投资也将随之消失。那么,创业教育也将不复存在。

劳(1990)把创业教育看成是一种宏观文化,这种文化能够将所有东西都变成政策的工具,如政府的自由市场意识形态。他强调通过创业教育,学校课程变成帮助政府达成主要目标的工具,即营造创业文化。他反对将学生当作"可交换和评估的人力资源",反对学生"利用学到的知识去达成任何技术、职业、商业和行业目的"(Law,1990,第 206 页)。

艾琳·弗朗西斯(Eileen Francis,1991)选择了 139 名教育家,询问他们如何看待创业语言以及创业教育活动给哲学、历史和文化价值观带来的挑战。研究结果表明:教育改革是由话语而不是由政治辞令决定的。创业教育语言的目的是要将处于边缘化的教育革新进程变为人们关注的焦点。研究表明,一旦达成了这一目的,创业教育就会变得多余了。

(2) 创业教育是一场骗局

一直以来,术语和概念的模糊引发了许多混淆和论争。一些学者之所以反对创业教育,仅仅是因为不了解创业教育或对其存有误解。不过,正是由于人们不了解创业教育,反对创业教育的论据也不是很多。

我在前文概念界定部分提过,文献综述表明关于创业教育的术语很混乱,这是因为用来描述项目的词语在不同的背景下表达的是不同的目的和意义。这些不同之处引发了混乱和误解,甚至经常会导致这些术语与要表达的原意相反。学术期刊中的文章证实了术语使用的混乱状态,因为期刊所使用的术语通常都不一致(Hynes,1996),至少读者不知道这些术语的由来。与此同时,创业一词也经常具有几个不同的隐含意义。

根据吉布(1993)的观点,关于创业教育是否促进了教学方法的创新一直以来都颇具争议。不过他可以肯定的一点是,目前还没有任何"官方"机构给出创业的定义,也没有对创业与教育之间的关系进行过清楚地界定:

> 虽然教育界已经做出了尝试,但目前创业教育工作者还没能找到一个统一的创业文化定义(Gibb,1993,第 26 页)。

韦尔(1986)指出,创业教育涉及多方面的努力,他同时表达了自己的担忧:

> 创业教育仍然只是处于"仅是某一领域"主导的活动……为了保护自己的职业生涯,营销、会计、人力资源、商业研究、工艺设计以及社会研究等领域的专家们都试图控制创业教育(Weir,1986,第 4 页)。

他这样总结道:"创业教育是一种态度,而不是一门需要由一群观念各异且学科背景不同的老师教授的课程。"佩弗斯(1998)认为,韦尔和科林·鲍尔(1989)和唐纳德·赫施(1992)持有相同的观点。科林和唐纳德在经济合作与发展组织的出版刊物中将创业学习描述成"一些个人拥有的性情和能力,如创造力、主动性、解决问题的能力、灵活性、适应能力、承担或卸下责任的能力以及学习与再学习能力。"佩弗斯把韦尔描述的创业教育过程比作是在玩"三牌赌皇后"①(three-card trick)纸牌游戏。学生无法发现创业教育的目的,只能在困惑中寻找隐藏在创业教育背后的机会(Peffers,1998,第 36 页)。

劳在 1983 年曾对创业教育下了一个比较灵活的定义。他在 1990 年发表的文章中指出创业教育已经成了一个根本性的问题:

> 创业教育虽不可等同于创业文化,但它们之间确实是有联系的。这种联系被教育家们掩饰得非常好。能抓住商机是对生存能力的一种肯定。因此,创业能力被人们看作是一种非常美好且你期待能够从学校教育中获得的东西(Law,1990,第 207 页)。

此外,劳强调在界定创业教育概念时,最好能够对创业教育的语意符号加以解释。他指出,创业教育的本质是建立在一系列价值观基础之上的。创业教育并没有质疑这些价值观,也没有找寻其他可以替代的价值观。因此,在劳看来,这样的创业教育太像是一种灌输过程。

凯尔德(1990)认为,创业一词并没有任何理论支撑,因此人们也无法证明自己在不同情境下使用创业教育一词是否合理。

(3)创业教育会促进资本主义发展

这类论据认为创业教育直接或间接地促进了资本主义的发展,创业教育是经济全球化的产物,并提醒我们要小心由此带来的一系列问题。

由于人们认为创业教育能够促进资本主义的发展,因此大家对创业教育也存有保留意见。克莱格、博勒姆和道(Clegg,Borenham and Dow,1986)指出,在英国这样的阶级社会中,小企业领域为促进资本主义发展

---

① 三牌赌皇后"(three-card trick)是一种纸牌游戏,将三张明牌翻转反放在桌面上并打乱位置,赌者将赌注下在其中一张上,看是否赌中所规定的牌。

发挥了重要的作用：

> 小企业在维系资本主义社会和再生产方面发挥着关键的作用。就其经济作用而言，小企业能够相对容易地获得小额资金。就其社会作用而言，小企业为那些未能获得文凭、不能在政府部门任职的中产阶级提供了一份体面的职业。同时，小企业经营者这份职业与他们的社会地位也比较匹配。另外，对于那些厌恶集体主义和团结策略的工人阶级来说，经营小企业能够使他们至少逃离那种处于社会最底层的异化生活（Clegg，Borenhamand and Dow，1986，第 82 页）。

教师是质疑创业教育和资本主义之间联系的主要群体。英国教师并不想让大家觉得他们将年轻人培养成了资本主义的工具（Weir，1986，第 2 页）。凯尔德（1990）认为，在教师看来，这个问题已经明显涉及了道德层面。

创业教育已经与促进资本主义发展这个大概念联系起来了。有人认为创业教育是教育市场化趋势的一部分，而这种市场化趋势又是全球化的一部分。鲍尔和惠蒂（Power and Whitty，1996）认为：

> 教育改革在世界各地几乎同时出现，这使一些人认为教育市场化应该被理解成一种全球现象。确实如此，人们认为这种教育市场化趋势的确与更加宽泛的经济、政治以及文化上的全球化过程相关（Power and & Whitty，1996，第 1 页）。

鲍尔和惠蒂认为，教育推广自由创业和商业价值观，并且正式的公共教育以各种形式进行"隐晦式的市场化课程"，这一切都使新自由主义[①]

---

① 新自由主义（neo-liberalism）是一种政治经济哲学，是英国现代政治思想的主要派别。它是主张在新的历史时期维护个体自由、调解社会矛盾以及维护支持自由竞争的资本主义制度。

(neo-liberalism)理念得到了广泛的传播。虽然人们一直以来都强烈质疑全球化的具体特征和意义,但大家普遍认为它与经济生产和文化消费发生的本质改变有关。理查德·赖克(Richard Reich,1991)是经济全球化理论的主要拥护者,他认为全球化过程的关键在于那些正在把自己打造成全球企业网络的跨国公司,而各国政府正逐渐失去控制力和内在的权威性。

企业利益概念在课堂中日趋频繁地出现,这成为全球市场概念业已超过传统和文化的一个具体标志。商业和企业传播的新自由消费主义已经逐渐取代了自由人文主义。虽然之前学校课程与商界并无瓜葛,但教育市场化正在将这二者紧密地结合起来(Power and Whitty,1996,第4页)。

(4)创业教育会加剧社会不公

新右翼党派在教育政策中体现出的价值观以及对福利国家制度信心的丧失已经引起了人们对社会公正的关注。新右翼党派推广创业和商业价值观的行为让教育者以及一些关注学生群体的人开始探讨这些价值观背后所隐藏的道德问题。

埃利奥特和麦克伦南(Elliot and Maclennan,1994)认为,新右翼党派的教育主张反映出他们的政治意识形态,而建构这种意识形态的目的就是反对那些二战后达成共识的核心理念和主张。他们认为:

> 早在20世纪60和70年代的教育改革和扩张中,"社会公平"和"社会公正"这两个理念就已经深深扎根于英国社会,但是新保守主义者对这两个理念不屑一顾(Elliot and Maclennan,1994,第7页)。

埃利奥特和麦克伦南认为英国新右翼党派明显地反对社会公平和社会公正。他们列举了一些新右翼的评论,如"平等主义不但阻碍主动性和创业的发展,还会造成经济衰落。"此外,他们还表明,"社会公正"理念在政治宣传中被逐渐摒弃了(Elliot and Maclennan,1994,第7页)。

斯蒂芬·鲍尔（Stephen Ball，1994）认为，"学生会受到制度环境的影响，而学校对学生进行的道德教育也越来越与创业文化的价值观相一致。"

传统价值观中的团结合作、个体需要和平等价值是公共综合教育体系的基础，但这些传统价值观正逐渐被市场价值观所取代。市场价值观强调个人主义、竞争力、表现力和差异性。这些价值观和个人品质虽没有被大力宣扬，但却能从不断变化的社会环境中体现出来，并且以各种各样的方式渗透到整个教育系统中去（Ball，1994，第146页）。

德劳特和莫登（1991）指出，一些教师担心企业会将这些价值观带入学校。他们认为保护学校免于外界干扰很重要。对那些还未成熟的学生，学校应该是个安全、公正的场所：

仍然有一些教师（也许还有家长）把学校的保护职能当成学校的一个优势，认为学校可以为学生提供安全、单纯的环境。在学生足够成熟，能够在社会上谋生前，学校可以确保他们远离工业和商业领域的严酷现实（Drought and Morden，1991，第62页）。

对此，赫施持有相似观点。他指出，越来越多的欧洲人（与美国人观点相反）开始怀疑：在课堂中引入商业利益这样的概念究竟是否有益？（Hirsch，1992，第45页）。

在全球化背景下，有些人主张将英国的创业教育引入其他国家，特别是发展中国家。而反对这种做法的主张却不是很多。拉夫·卡门（Raff Carmen，1995）反对吉布森（1994）的观点（前文国际层面论据部分已对此做过解释），并提出论据：

在发展中国家，一些没接受过教育又贫苦的成年人在创业学习和管理上已经形成了自己的理论和方法,这些理论和方法是由他们自己建立并发展起来的,而不是从某个遥远的工业化国家借鉴而来的。欧美商业经营和创业发展需要的是一种全新的社会责任感和道德价值观,而发展中国家还没有完全形成这样的价值观(Carmen,1995,第 73 页)。

2. 出于个体原因反对创业教育

之前的文献回顾表明,大多数反对创业教育的论据都出于社会原因。出于个体原因反对创业教育的主要论据可以归为一类,即创业教育提供虚假承诺。

该观点认为创业教育无法向个体兑现它的承诺。在英国很难找到这类论据,因为学术界大部分反对之声都是针对社会问题的。

韦尔(1986)提醒人们要关注创业教育能真正为年轻人带来什么:

> 我对创业教育所传授的内容感到失望的首要原因是:创业教育侧重对商业技巧的培训。这些培训并不能培养个人的自律意识,而这恰恰是优质教育应该培养出的品质(Weir,1986,第 4 页)。

伊恩·斯特罗纳克(Ian Stronach,1990)认为,“职业教育主义者(Vocationalists)”的理念和语言都是一种手段。在他看来,“职业教育主义者”支持并鼓励以教育和培训的方式解决经济上存在的问题。他认为,创业教育从本质上来讲是领导者创造神话的必要工具,也是帮助年轻人完成角色转换,让其能够应对新技术、经济重组以及青年就业造成的社会不确定性和复杂性以及随之产生的种种新变化。创业应该是所有人的选择,年轻人应该为自己从学校到职场,从学生到成人的转变做好准备。但是,创业教育所带来的这种前景却是虚假的,它忽略了造成年轻人失业的最本质的结构性因素。

四、英国创业教育学术论争及图示

本章探讨了英国的创业教育，其中主要针对的是英格兰和威尔士地区。虽然苏格兰地区的教育改革也值得探讨，但因为它的教育体制和前两个地区有所不同，所以人们在进行话语研究时经常会把苏格兰的案例单独处理。因为将三个国家进行对比的过程极为复杂，所以本研究并没有探讨苏格兰的创业教育。

作为世界上第一个工业化强国，英国曾因此闻名于世，也因此拥有了悠久的经济史。根据米勒和金斯伯格（Miller and Ginsburg, 1991, 第 55 页）的观点，英国经济对教育的影响呈现出一种循环模式：从经济紧缩方面来看，20 世纪 80 年代的提案和实际行动与 20 世纪 30 年代如出一辙；从推动市场发展和自由创业的方面来看，又与 19 世纪 90 年代较为相似。

自 20 世纪 50 年代开始，主要党派之间在政治上达成了共识。但在 20 世纪 70 年代，这种共识逐渐破裂。当时英国的失业率，尤其是年轻人的失业率攀升，经济陷入大萧条，经济危机不断加剧。造成年轻人失业的原因之一是他们缺乏就业所需的技术和能力。在 1979 年玛格丽特·撒切尔执政时，许多政治家和相当一部分选民已经对福利国家制度及其教育作用失去了信心。英国左翼政治家希望教育有助于促进社会公正，而右翼政治家则更希望教育可以促进经济发展。撒切尔首相打算彻底重建英国教育和社会，或至少对一些与经济紧密相关的部分开展根本性的改革。

《1988 教育改革法案》（ERA）致力于将主动性和创业引入学校教育中，但也有人认为这项法案同时加强了国家对教育系统中教学范围和教学内容的控制。该法案提倡消费主义精神、个体创业精神以及竞争意识。格思里和皮尔斯（1990）认为，《1988 教育改革法案》是英国社会改革中的一次重大尝试。他们认为，撒切尔政府强调自力更生、实力和自由。英国计划缩小政府规模、刺激公共和私营部门的内部竞争并且要将个体从政府和社会的控制中"解放"出来（Guthrie and Pierce, 1990, 第 12 页）。

　　文献中提到的社区教育、管理教育、进步教育以及能力教育运动都是创业教育的前身。最容易辨识的创业教育发展背景是"校企合作"运动。

　　许多人认为，英国人仍然对"创业者"一词持有浪漫主义看法，这种看法可以追溯到工业革命初期。虽然在传统意义上创业者一词是用来形容那些在工业革命初期取得成功的制造商和商业大亨的，但有证据表明，英国年轻人对创业和建立小企业持积极态度。尽管斯科特和图米（1988）的调查表明学生对创业极为感兴趣，但同时也表明他们不了解小企业入市及运作的具体知识。

　　在英国，社会态度以及福利国家制度带来的安稳阻碍了年轻人创业精神的发挥。第二次世界大战后，人们过着无比舒适的生活。因此，在没有"营救者"在旁的环境中，冒险这个概念对于英国人来说是无比陌生的。在英国，企业倒闭就意味着永远无法再次踏入商界。总之，英国人不能客观地看待失败。追求个人利益是激励英国创业者的主要驱动力，但事实是很多创业活动已经不能再"创造财富"了。

　　为回答第一个研究问题，我回顾了英国创业教育的术语和概念。英国和大部分欧洲地区都用"enterprise education"表示"创业教育"。英国的创业教育更注重培养个体特质，因此，创业教育一词不仅仅适用于商业环境。20世纪80年代初，因为青年失业率攀升，创业教育概念才开始在英国得到广泛关注。迄今为止，关于创业教育一词的具体含义还没有形成统一的结论，不过，创业教育已被纳入到学校基础课程当中。《1988教育改革法案》（ERA）将创业教育作为交叉学科引入了国家课程。

　　本章提到了两个在英国受到广泛认可的创业教育定义。凯尔德（1990）建议从三方面对创业教育进行界定：①以创业为目标的教育活动；②与创业相关的教育活动；③经由创业进行的教育活动。沃茨（1984）延续了凯尔德的分类方法，将创业教育中的活动分成了两类：①脱离教育机构和教育背景的商业活动；②激发在校学生自主创业意识和创业热情的活动（Watts，1984，第6页）。

　　第二个研究问题主要探讨的是英国相关文献对创业教育原理的学术

论争。本研究再次遵循第四章的研究框架,根据文献支持或反对创业教育,分别从社会和个体两个角度对文献进行分类整理。表 5-2 对英国创业教育的主要文献进行了分类和总结。

表 5-2 英国创业教育学术论争的主要文献综述和总结

支持创业教育的论据	
有助于社会发展	
层面:	来源:
国际:跨国企业	赫施(Hirsch,1994)
全球企业	吉布森(Gibson,1994)
国家:经济发展	西姆斯(Sims,1991)
	海因斯(Hynes,1996)
	金(King,1993)
	韦尔德(Weird,1986)
	埃利奥特和麦克伦南(Elliot and Maclennan,1994)
地方:地方赋权	沃德和里夫斯(Ward and Reeves,1980)
	斯卡曼(Scarman,1986)
	巴雷特和琼斯(Barrett and Jones,1996)
有助于个体发展	
自力更生	吉布森(Gibson,1994)
	青年创业组织(Young Enterprise,1998)
	教育官员协会(Society of Ed. Officers,1983)
反对创业教育的论据	
出于社会原因	
层面:	来源:
政治色彩	里奇(Richie,1991)
	柯伦(Curran,1991)
	科菲尔德(Coffield,1990)
	哈里斯(Harris,1993)
	戴维斯和格皮(Davies and Guppy,1997)
	德劳特和莫登(Drought and Morden,1991)
	埃利奥特和麦克伦南(Elliot and Maclennan,1994)
	劳(Law,1990)
	弗朗西斯(Francis,1991)

（续表）

骗局	劳（Law,1990）
	韦尔（Weir,1986）
促进资本主义发展	克莱格、博勒姆和道（Glegg,Borenham and Dow,1986）
	韦尔（Weir,1986）
	凯尔德（Caird,1990）
	鲍尔和惠蒂（Power and Whitty,1996）
	哈蒂（Harty,1994）
社会不公	卡门（Carmen,1995）
	埃利奥特和麦克伦南（Elliot and Maclennan,1994）
	鲍尔（Ball,1994）
	德劳特和莫登（Drought and Morden,1991）
出于个体原因	
虚假承诺	韦尔（Weir,1986）
	斯特罗纳克（Stronach,1990）

英国绝大多数论据都支持创业教育,因为创业教育毕竟是为国家政策服务的。另外,创业教育的产生与国家课程密不可分。图 5-1 是本章英国创业教育学术论争的总结图示。

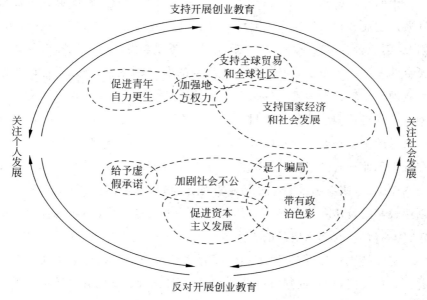

图 5-1 英国创业教育学术论争的话语共同体图示

英国的文献明确表明为确保其在世界经济中的竞争力,英国做出了很多努力。英国在全球市场中一直占据着重要地位。因此,英国对维持世界经济的霸主地位有强烈的兴趣。为应对日益激烈的国际经济竞争并重振国家经济,英国进行了学校教育结构和课程内容方面的改革。国内公司和商业团体也是创业教育和创业文化强有力的支持者和推动者。但一些学者指出,这些公司和商业团体知道自身也是要依靠帮助年轻人从事个体经营和小企业经营而得以发展的,因此大力支持创业教育并不是完全出于利他的目的。在支持创业教育的过程中,许多公司和商业团体积极促进和推动创业教育的发展。在世界范围内,几家总部在英国的跨国公司已经发布了关于以教育促进创业的国际政策。英国石油公司(BP)是一个有力的例子,它的所有子公司都参与了其所在地教育系统的教学和管理。另外,英国的教育机构开展了一系列创业教育项目。这些教育机构有能力,也有意愿将创业的理念传播到世界各地。基于自身的创业精神,这些教育机构已经在一些东欧和发展中国家找到了市场。

很明显,支持创业教育的论据主要探讨的是创业教育能够促进社会发展。创业教育使年轻人失业率下降、满足劳动者要面对的一些新要求。因此,创业教育也在个体层面上吸引了一部分学生、家长、教师以及普通民众的关注。但由于政府支持创业教育的发展,文献没有必要就创业教育有助于年轻人自力更生的基本原理做过多解释。来自杜伦大学商学院的吉布森是英国创业教育项目发展的领军人物。吉布森(1994)指出,创业教育的本质是要改变年轻人,让他们变得更具创业精神。另外,一些旨在推进创业教育的项目,比如创建历史最悠久的青年创业组织(Young Enterprise),该组织希望通过创业教育让年轻人能够自力更生。教师对创业教育的看法和评价各不相同。其中一种观点认为,创业教育可以让年轻人有机会获得高质量的人生。

与支持创业教育的论据一样,反对创业教育的论据也集中在社会问题上。在英国,学术批判历史悠久,工会力量强大。新的教育改革侧重于创业文化和经济发展,因此受到严厉的批评。创业教育带有政治色彩这一问题颇具争议性,但许多学者认为在这个问题上可以达成这样的共识,即"创业教育是保守党实现意识形态变革的有力武器"(Coffield,1990；Curran,1991；Ritchie,1991)。一些学者对创业教育本身及其内容提出了质疑,认为创业教育只是一种政治工具(Caird,1991；Harris,1993；Law,1990)。韦尔(1986)更是进一步指出,创业教育就是用一种将营销学、会计学、人力资源和商业学习结合的全新教学方式。这让各行各业的专家能够借此机会保住自己的"饭碗"。目前,英国创业教育的内容和概念都很混乱,有些教育者因此对创业教育产生怀疑,甚至开始反对创业教育。

很多人认为创业教育会促进资本主义发展,这种观点使教育者和普通民众深感不安。英国教师并不想让大家认为是他们将年轻人培养成资本主义的工具。除了不希望促进资本主义发展外,人们还考虑到创业教育带来的自由市场和竞争等价值观,因此担心创业教育会影响社会的公正与公平。当然,这也与福利国家制度的逐渐衰落有关。从世界大背景上看,卡门(1995)呼吁人们重新审视西方商业以及创业的社会责任感和道德价值观。他担心,在让发展中国家的民众接受西方的商业价值观后,西方社会的民众会对发展中国家的民众有种帝国主义征服者的优越感,同时丧失了对他们的人文关怀。韦尔(1986)认为,创业教育对个体许下了虚假承诺。他表示"创业教育侧重于对商业技巧的培训,这些培训并不能培养个体的自律意识,而自律意识恰恰是优质教育应该培养出的品质"。

与总结美国文本时的情况相同,虽然我并没有积极参与英国创业教育的学术论争。但是,作为图示的制作者,我对本章的撰写为自己的图示提供了一个平台。

第六章 芬兰创业教育

本章将对芬兰创业教育文献（英语和芬兰语撰写）进行回顾和综述。本研究收集到很多英语撰写的相关文献。另外，我还把由芬兰语撰写文献的直接引用部分翻译成英语。在此过程中，我尽量采用直译的方式，以保证译文与原文在字面上的对应。另外，我会在每段译文后都注明"译文"二字，并将这两个字用圆括号括起来，即（译文）。本章与前两章的基本框架一致：首先，回顾芬兰社会及学校改革作为背景阐述，并介绍与本研究相关的最新改革情况；其次，探讨芬兰创业教育方面的文献；最后，探讨芬兰创业教育原理的学术论争。

一、背景介绍

与前两章形式相同，我将介绍芬兰创业教育的历史、社会及教育背景。创业教育在美国和英国都已经有几十年的发展历史，但和创业教育相关的学术探讨及创业实践在芬兰才刚刚起步。因此，为了实现本研究的研究目的，我们有必要详细回顾芬兰创业教育的背景，着重探讨芬兰民众对创业持有的看法以及开展过的各种实践。

（一）教育经济关系形成的历史和政治背景

为了更好地说明教育改革的背景，我将介绍一些芬兰的主要教育政策。芬兰政治和经济环境的主要变化促使有关部门着手制定新的教育政策。在过去 20 年中，促使教育变革的最主要原因就是发生在 20 世纪 90年代初的经济衰退，它给芬兰带来了沉重的打击。

1. 芬兰学校改革的政治背景

在过去几十年间,芬兰教育政策的主要变革与福利国家制度的兴衰有密切联系。北欧各国的福利政策与欧洲大陆有所不同。在北欧模式下,芬兰政府为民众提供了大部分社会服务。这造成公共部门机构臃肿,约有三分之二接受过教育的人在公共部门任职。随着福利国家制度的发展,芬兰颁布了许多关于教育及其他方面的政策。福利国家推行的项目对教育抱有两大期望:推动经济增长以及促进社会平等(Jolkkonen,1995,第 225 页)。众所周知,达成共识是福利国家制度下教育政策的一大特色。而科索宁(Kosonen,1987)认为,这两大期望就是达成共识的核心所在。

在芬兰,教育一直以来都备受推崇,其对社会进步和经济发展的重要意义得到了人们的普遍认可。芬兰不是国际社会的中心,是一个比较年轻的国家。除少数人讲瑞典语或拉普兰语外,大多数人都讲芬兰语。对于这样的一个小国来说,教育职能的作用至关重要。不论从哪个角度衡量,芬兰教育与文化的联系都是非常紧密的(Ministry of Education,1992,第 19 页)。

芬兰议会有权决定教育政策的整体规划、教育法律颁布以及国家预算中教育拨款的数额,而国务院、教育部和中央教育机构则负责决策的具体实施。教育委员会和工作小组共同建立起芬兰的教育计划体系。除了教育部选出的专家外,参与者一般还包括代表劳动力市场和学生利益的组织。一些由教师构成的组织机构地位非常高,而教师工会几乎可以代表整个教师界。教育体系注重政治党派的重要作用,教育系统的主要变革都发生在芬兰"国民阵线政府"(national front governments)执政时期。"国民阵线政府"由中间党①(Center Party)和左翼政党(leftist

---

① 芬兰中间党(Center Party)也称中间力量党,成立于 1906 年。该党主张维护农业在国民经济中的地位。

Party)组成。但教育改革也得到了右翼芬兰民族联合党[①]（National Coalition Party)的支持（Herranen,1994,第2317页）。

尽管左翼政党更注重公平，而右翼政党更强调个性和效率，但这两大政党的教育政策核心基本是一致的。20世纪80年代末右翼芬兰民族联合党和20世纪90年代初非社会主义党（non-socialist government)这两个政党的执政证明芬兰社会价值观发生了变化。现在，芬兰所有主要政党都日益注重管理责任、个性培养以及决策权力下放（Herranen,1994,第2317页）。

1995年，芬兰与瑞典同时加入欧盟。当时，芬兰正经历着严重的经济大萧条。林纳和基维宁（Rinne and Kivinen,1997)认为芬兰社会正经历着一场政治环境的根本性变革。当时，北欧以国家为中心的福利政策和其他欧洲国家以市场为导向的政策之间产生了激烈的冲突。林纳和基维宁认为，芬兰和瑞典在冲突之后都迅速改变了原来的社会教育政策。为提高芬兰在国际市场上的竞争力，芬兰政府颁布了一项更加自由的经济政策，"该政策旨在削弱贸易和劳动力市场组织的影响，并在自由市场中鼓励个人以及企业间的竞争"（Rinne and Kivinen,1997,第2—3页）。

2. 20世纪90年代芬兰的经济危机

芬兰经济在20世纪80年代进入了发展的平稳期，但在1991年遭遇了严重的经济衰退，大量企业迅速倒闭，失业问题极为严重。在1990年初，芬兰的经济发展就变得非常缓慢，而在接下来的三年中，其经济产量大约下降了12%。这一数字打破了经济合作与发展组织成员国经济产量下降幅度的最高纪录。同时，经济产量大幅下滑造成就业率下降了18%。1990年，芬兰是世界上失业率最低的国家之一，到了1994年，芬兰的失业率已经增长到了18.4%。因此，人们希望通过创业来改善当时

[①] 芬兰民族联合党（The National Coalition Party)，成立于1918年，该党主要代表工商企业界利益，主张同西方保持紧密的经济、政治关系。该党的基本目标是保障国家独立和维护民族的政治和经济利益，追求经济和精神生活的发展。

的局面(Finnish Labour Market Institute for Economic Research and ECOTEC,1996,第 36 页;United Nations,1993,第 1110 页)。

1986 年到 1993 年间,芬兰大公司裁员率达到 26%,减少了约 10 万个工作岗位。但与此同时,众多拥有 4 名以下员工的新型企业却创造了 70,000 个工作机会。但直到 1996 年 7 月,芬兰的失业人口仍然占总劳动人口的 18.4%(Decade of Entrepreneurship,1996)。

欧盟委员会在 1996 年对芬兰劳动力市场的研究中表明,国内需求大幅下降是芬兰发生经济危机的主要原因。该研究还表示,外部局势动荡也同时加剧了芬兰经济衰退的步伐,比如世界经济衰退、对前苏联出口大幅削减、西方市场价格竞争加剧、木材行业产能过剩以及贸易优惠条款的反作用。该研究显示,厄运连连、银行业衰败以及政策不当是导致芬兰发生经济危机的三个主要原因(Finnish Labour Market Institute for Economic Research and ECOTEC,1996,第 36 页)。

不过,科伊雷能和佩尔托宁(Koiranen and Peltonen,1995)认为不能将高失业率仅仅归咎于经济的衰退。他们认为造成失业的主要原因是芬兰社会结构发生了改变。技术革新使许多行业和职业随之消失;另外,许多职业的内涵也发生了变化。这些因素为创业教育的产生奠定了基础。科伊雷能和佩尔托宁认为经济萧条只是加速变革的原因之一,不能将这些变化全部归结于经济衰退(Koiranen and Peltonen,1995,第 98 页)。

3. 20 世纪 80 年代和 90 年代芬兰主要的教育改革

约尔科宁(1995,第 226 页)将社会平等看成是福利国家制度的超意识形态(super ideology),它是改革合法化和教育系统发展的重心。自 20 世纪 60 年代起,教育在规模和地域上都有所发展。在 20 世纪 70 年代和 80 年代,教育计划遵循的都是平等原则,强调地区、财政、性别以及各年龄群体之间的平等性。20 世纪 80 年代,综合中学运作良好,高等教育机构互相联系,并在全国范围内开展了学位制度改革。教育政策的重心也从建设基础设施向提高教育质量上转变。最近,综合中学和高中正在进行课程改革。社会政治和经济的发展为教育政策制定带来两大趋势,分别是提高效率以及重视灵活性和个性培养（Herranen，1994，第2317页，第2323页）。权力不断下放给芬兰教育系统带来了巨大的变化。学校在课程和管理方面拥有更多话语权，而在资源逐渐减少的情况下，各个城市也获得了更多的决策权。国家教育委员会负责制定大纲，学校可以根据大纲自行制定具体的教育计划。课程制定权力下放意味着课程主题将更加贴近当地的实际需要，尤其是可以满足工商业的需求。

1993年6月，国务委员会（Council of State）制定了芬兰教育系统20世纪90年代发展纲要。根据这一决策，芬兰更加强调教育和科研在国家发展策略中的作用。教育和科研政策的主要目标是：

> 在教育领域继续保持高水准和普及性现状；提升整个国家的精神风貌；培养主动性、鼓励创业行为；提高教育和科研质量；扩大工业基地、鼓励创新；协调职场、教育和不断变化环境间的关系；培养学生的专业技能并提高就业率（National Board of Education，1995，第6页）。

（二）芬兰民众对创业持有的看法

本小节将回顾芬兰民众对创业的看法。首先，我将介绍两项针对创业的芬兰文化研究。这是两项分别从历史及描述性角度进行的研究。其次，我将回顾有关芬兰青年对创业看法的最新盖洛普调查结果。

希塔拉（Hietala，1987，第15—19页）研究了芬兰人对创业的看法和态度以及和芬兰有关的创业"神话"。她发现芬兰人对创业持有积极和消极两种看法。积极看法最早可以追溯到1948年。当时，赫尔辛基经济学院（Helsinki School of Economics）的前任校长屈厄斯蒂·雅维宁（Kyösti Järvinen）在其著作中首次谈及了创业问题。雅维宁从历史角度出发，将创业看成是一种职业，认为它和医生、教师或科学家一样都是一种职业。她认为，创业是指人们投身于事业当中，把其看作是一种责任并通过努力工作服务他人和社会。对创业的消极看法与社会权力分配有关。希塔拉引用了社会学家布鲁恩和爱斯科拉（Bruun and Eskola）的观点，他们在 1969 年出版了一本概述芬兰经济权力的著作。在书中，他们提出了创业和权力分配的问题。布鲁恩和爱斯科拉强调，一般来讲，如果某个企业的资本是继承式的，企业的接班人会滥用他们的经济权力来压制他人。希塔拉认为这两派观点不会产生政治分歧，只是反映了不同的文化而已。另外，保罗斯通（1980，第 143 页）还指出，大部分芬兰经济和社会精英，尤其是那些继承了父辈财富的精英都是瑞典裔芬兰人。

佩尔托宁（1986，第 53—63 页）研究了芬兰社会中不同群体看待创业问题的异同点。不过，在这里需要强调的是研究样本并不是从芬兰社会中随机抽取的，而是选自一些对创业感兴趣的群体（大多是学生），因为这种取样方式对将来的研究具有一定意义。同时，还有一点需要注意，该研究的结果是间接获得的，因为佩尔托宁让人们在问卷中回答他们是如何评价某一群体对创业可能持有的态度。研究表明，人们认为小企业创业者、零售商、企业经理和银行主管最支持创业，而最反对创业的群体是综合中学教师、工会领导、政府官员、公务员以及税务部门官员。然而，后面这些人恰恰是能够推动创业发展的关键群体。在研究中，佩尔托宁还提出了另一个问题：提到创业一词，你首先能联想到哪些词语？以下是人们联想到和创业最相关的词语：责任心、主动性、独立性、努力进取、充满活力、积极活跃、目标明确、勇敢拼搏以及渴望成功（Peltonen，1986，第 55—56 页）。

芬兰盖洛普民意调查公司（Finnish Gallup）发起了一次关于芬兰年轻人态度的最新调查，其中有一部分问题专门调查年轻人对创业所持的态度。调查显示，目前年轻人对创业者和创业的态度比过去几年更加积极。总共有 1,075 名 15 到 24 岁的芬兰青年接受了调查，其中大多数年轻人表示，他们有信心能够把握住成功创业的机会，成功就掌握在他们自己的手中。57％的芬兰年轻人对创业很感兴趣，61％的年轻人坚持认为他们能够创办属于自己的公司。年轻人崇拜创业者，并且认为增加工作机会以及成为负责的雇主是非常重要的。他们还认为创业者应该坚持不懈、雄心勃勃、充满创造力、诚实可靠并且意志坚定。总体而言,这项调查显示芬兰年轻人对创业整体现状还是非常了解的(Finnish Gallup,1996)。

希塔拉把人们对创业的看法一分为二,但我认为这种方法对于现在的芬兰来说过于简单。虽然人们对创业持有积极和消极两种看法,但产生这些看法的原因却大不相同。在佩尔托宁发布研究结果后的十年中,芬兰社会为推动创业做出了许多努力。但从历史角度来看,十年时间还不足以改变整个国家的思维模式。芬兰盖洛普民意调查结果有力地证实:在经济大萧条后,芬兰大力地推动了创业的发展。当然,人们对创业的看法与社会中实际创业行为有关。下面我讨论芬兰社会中的创业情况。

(三) 芬兰社会中的创业情况

> 尽管芬兰人努力工作并且具有强烈的责任感,但一般来讲,他们很少将自我雇佣和小企业经营当作一种值得尝试的生活策略。在大公司工作,尤其是从事造纸业,通常是几代人共同的职业选择。北欧福利国家庞大的公共部门提供了大量的就业机会,并且将大规模传统产业和出口贸易所创造的财富进行分配(Decade of Entrepreneurship,1996)。

在芬兰,创业的价值在很长一段时间内一直被低估了。凯罗(Kero,1994)认为,芬兰之所以不像中欧国家那样拥有经营小企业的传统是有一定历史原因的。因为在芬兰的历史中,贸易机构作为创业前身,它的出现要晚于中欧国家几百年。凯罗表示,其他欧洲国家能够轻易从自身环境中获得经营企业的能力,但由于缺乏悠久的贸易传统,芬兰人则必须要通过学习才能获得这些能力。

佩尔托宁(1987)回顾了各历史阶段在芬兰创业的种种变化。芬兰面临创业者人数不断减少的状况。从 1950 年到 1980 年的三十年间,每年大约减少约 15,000 名创业者,其中既有企业所有者,也有其在企业全职工作的家庭成员。在 1950 年,芬兰共有 832,000 名创业者,而到了 1980 年仅有 272,000 名了(包括农民创业者)。佩尔托宁认为虽然无法清楚解释上述现象,但大致应该有两个原因:首先,来自政府的负担加重。一人公司必须要记账(之前只需要交一份纳税报告)。税费以及其他与税收相关的费用(如销售税和社会保险缴款)也要由经营者承担。特别是在 20 世纪 70 年代,政府颁布了许多新的法律、法规和行政命令(每年颁布 1,000 多条新法规)。其次,芬兰普通民众对创业持消极态度,并且这种抵触情绪在 20 世纪 70 年代中期达到了顶峰。当时,芬兰民众相信的仍然是芬兰政府 70 年代初所执行的一些计划方针、会计方法、领导方法、工会以及政治力量等。佩尔托宁认为人们已经忘记了创业的重要性。不过正如表 6-1(Peltonen,1987,第 33—35 页)所示,自 1977 年开始,芬兰人对创业的态度正在逐渐发生转变。

表 6-1　芬兰民众对本国市场经济的了解程度

年份	1977	1980	1983
非常了解	63%	82%	82%
非常不了解	26%	11%	10%
完全不了解	11%	7%	8%
总计	100%	100%	100%

来源:佩尔托宁引自芬兰盖洛普民意调查(1987,第 35 页)

佩尔托宁提供的第二个表格(表 6-2)显示出民众创业态度的变化对创业实践的影响。同时,该表显示出芬兰新增企业的数目。

表 6-2　20 世纪 80 年代芬兰企业发展状况

企业	1980	1982	1984	1986	1987
新企业	9667	11932	13590	15928	21495
倒闭企业	1654	1384	2488	2332	2890
净增长	8013	10548	11102	13598	18605

来源:芬兰专利登记机构(Finnish Patent and Registration Authorities,1987)(Peltonen,1991,第 151 页)

据文献记载，芬兰大约还需要新创办 50,000 多个小企业才能达到欧洲的平均水平。对于公共组织和大型公司来说，明确市场导向和开展内部创业也是必需的。从 1995 年初开始，各国就是否加入欧盟的问题进行了反复的争论，这不但促进了国际间的合作与竞争，同时也提高了人们的创业兴趣。

佩尔托宁（1991）认为，我们有无数理由相信芬兰将在 20 世纪 90 年代掀起一股创办小企业的新浪潮。这一推测是有依据的：从 1977 年开始，芬兰公众对创业的态度已经开始变得积极，这是因为人们越来越信奉个人主义和独立自主的价值观。教育部门也开始探索如何开展创业教育。在工作环境发生变化的同时，新发明、新技术、新加工和新产品的出现都使人们在一些发展前景良好的领域拥有大量的创业机会。

佩尔托宁（1991）认为税收制度以及税收政策的变化对创业产生了巨大影响。如果对创业者施以重税，那么 70 年代的局面可能就会再次上演。在过去的三十年中，芬兰的社会支出有所增加，约占国内生产总值的25％。事实上，雇主在雇员身上的实际支出大约是该雇员工资收入的1.6 倍。另外，雇员真正的工作时间可能仅占一年中的 80％（20％的时间是带薪假期）但雇主需要支付全年的费用。雇员被雇佣后，其地位受到保护。企业要给员工提供各种福利，如雇员及其子女的带薪病假、继续教育和工作安全保障等。总之在芬兰，雇员的地位很高并受到法律保护，这与强大的工会力量密不可分，但也有赖于国家的社会政策。

芬兰创业者对税务部门一直表示强烈的不满。据一则由芬兰通讯社（Suomen Tietotoimisto，1997 年 2 月 4 日）发布的新闻，芬兰创业者联盟（the Finnish Entrepreneurs' Federation）在 1996 年秋季调查了协会成员对税收弊端的看法。调查显示，小企业经营者的地位是一个主要的问题：小企业经营者没有享受到创业者身份所带来的益处，却要因此缴纳赋税。另外，纳税人还需要提供收入证明。这对那些因为市场原因而导致营业收入锐减的企业来说尤为困难。芬兰前总统马尔蒂·阿赫蒂萨里（Martti Ahtisaari）曾呼吁税收部门要解决创业者不满的问题并为其提供公平、持续的问题解决方案（Suomen Tietotoimisto，1997）。1998 年春，芬兰政府大力发展创业，这使芬兰创业者的地位有所提高。另外，当时的政府还表示将通过减轻赋税和建立更好的财政支持体系来提升创业者的地位。

因为过去缺乏良好的创业传统，芬兰开始向一些成功发展经济的国家学习创业经验。虽然芬兰想要从他国文献中寻找关于创业理论和成功创业的案例，但毕竟芬兰的文化环境与他们的有所不同。因此，芬兰联合全国的力量，力图找到新的问题解决办法。在 20 世纪 90 年代中期，芬兰经济不断衰退，政府试图再次强调创业的重要性，并明确国家对创业的需求。这使人们更加重视创业并强调创业的必要性。其中目标最远大、投入努力最多的就是建立了"创业十年项目"（Enterprise Decade Project）。该项目致力于凝聚所有社会力量、推动创业发展并在芬兰培育一种创业文化。接下来，我将简要介绍芬兰的"创业十年项目"。

1995 年，芬兰启动了"创业十年项目"。该项目是由芬兰贸易和工业部、劳动部、教育部、教育委员会和芬兰行业和雇主联盟（Condederation of Finnish Industry and Employers）共同发起的。共有 20 多个芬兰最具影响力的劳动组织及社会组织加入该项目，它是芬兰历史上最大型的、以促进创业文化和创业发展为宗旨的项目。该项目组织了许多活动，但大多数还属于地方层面的。该项目面向所有芬兰人，但以年轻人为主要目标群体。促进创业发展是一项长期工程，其目的在于改变公众的态度。这不但要求国家要更加重视教育，也要为新企业的发展带来更多的可能性（National Board of Education，1996）。

"创业十年项目"将不同的项目集中到一起，整合联邦资源并共享信息资源。所有项目都要实现六个共同目标：

① 进一步培养创业的积极态度；

② 通过教育推动创业；

③ 增加对社会创业活动的奖励；

④ 培养更积极主动、富有创业精神的下一代。

⑤ 协调现有项目,促使其高效开展。

⑥ 通过创业解决失业问题。

项目开展的活动分为三个主题:第一个主题是社会创业,这是一个关于教育和社会发展的主题;第二个主题是创业保障与促进就业,该主题是为了创造自我雇佣的可能性并探索增加就业机会的新方法;第三个主题是通过网络和数据库促进建立新企业。"创业十年项目"是提高整个国家创业文化氛围的一次尝试(National Board of Education,1996)。

(四) 芬兰创业教育的前身

莱赫德涅米(Lähdeniemi,1993)列出六种与校企合作相关的活动。他认为参观企业是芬兰校企合作中一种最为普遍的形式。参观活动开始于小学阶段。例如,在 1990 年,有 40% 的公司接待过教师和学生组成的参观团。积累工作经验一直是综合学校和中学课程的要求之一。每年,综合学校的学生都要在当地公司进行为期三天的参观和工作,而中学生的时间则延长至一周。该活动与美国青年学徒项目(youth apprenticeship programs)比较相似。莱赫德涅米还提到了"企业结对子"活动(industrial twinning)。与英国和美国的校企合作有所不同,在芬兰与公司间建立合作的是某个班级,而不是整所学校。另一种活动是学生进行暑期工作。莱赫德涅米表示,研究证明这种暑期工作活动能够提高学生对工商业的认识。该项活动得到芬兰经济信息局(Economic Information Bureau)的大力支持与推广。芬兰成立了许多校企合作俱乐部,这也能够证明校企之间确实开展了密切合作。这些俱乐部通常会选择学生没课而企业正常工作的时间组织活动,主要侧重于让学生将所学的内容应用到实践中去。最后一项活动是学校组织的夏令营。这是一种全班参加的校外夏令营,目的是让学校与当地社区建立更加紧密的联系,帮助学生熟悉周边的基础设施(Lähdeniemi,1993,第 204—208 页)。

二、芬兰主要文献对创业教育概念的建构

在本小节中,我将梳理芬兰文献对创业教育的界定。与前两章相比,本小节的结构相对比较简单。这是因为芬兰关于创业教育定义的观点基本一致,只存在一些属于系统层面的细微差别。

芬兰创业教育活动的理念主要来自英国,但也受到美国和加拿大两国的影响。英国的大卫·华威教授(David Warwick)对芬兰创业教育理念产生了极大的影响。由他主编的《国家的财富》(*The Wealth of A Nation*,1993)一书是芬兰创业教育引用率最高的"理论书籍"。不过,虽然该书在如何建立校企合作方面给出了实际建议,但并没有直接探讨创业教育。同时,芬兰的教育策划者还参考了杜伦大学商学院提出的建议。杜伦大学商学院创业教育项目的主要目标是培养个体的创业特质,如勇往直前、敢于冒险、志向远大以及开拓进取。除此之外,该项目还希望帮助年轻人为将来的工作做好准备,加强学校与职场间的联系,并研发出一种创业教学模式(Decade of Entrepreneurship,1996)。本书已在前文中详细介绍过杜伦大学商学院的这种教学模式。

芬兰国家教育委员会在英译本的《学校课程结构》(*School Curriculum Framework*)中使用了"entrepreneurship education"(创业教育)一词。该概念被界定为:

> 创业教育旨在为学生提供将来工作和学习所需的知识和技能,并培养他们的态度(无论今后是自我雇佣还是受雇于他人)。
>
> 通过创业教育,加强学生的内在创业精神、主动性、创造性和毅力,让他们明白主动性、创造力和积极性的重要作用,因为这些都是创业的基本要素(National Board of Education,1994,第42页)。

《学校课程结构》还为创业教育的实施提供了结构性指导。芬兰创业教育概念的最新发展来自于里斯蒂马基和韦萨莱宁(Ristimäki and

Vesalainen,1997)。他们的定义遵循了国家教育委员会给出的界定,即创业教育实施的结构性指导是:学前和小学前三年主要培养学生的创业态度;四至九年级主要学习创业知识;从中学开始学习创业技能。里斯蒂马基和韦萨莱宁用"enterprise education"指代创业教育,并认为它可以分为三个维度:态度、知识和技能(Ristimäki and Vesalainen,1997,第20页)。

在芬兰,有一本很早就开始关注芬兰创业教育的书被译成了英语(Ojala and Pihkala,1994),该书证实创业教育的术语和概念非常混乱。该书先是定义了"entrepreneurship"(创业)的概念,接着由该词衍生出了"entrepreneurship education"(创业教育)一词。在表示"创业教育"一词时,作者使用的是"entrepreneurship education",而不是"enterprise education"。该书将创业教育定义为:

> 在学校和社会中进行的教育教学活动。创业教育意味着为将来创业(包括外部和内部创业)做准备(Ojala and Pihkala,1994,第13页)。

佩尔托宁(1986)将创业分为内部创业和外部创业(参见前文详解)。芬兰的定义侧重外部创业,而"enterprise education"(创业教育)则既包括外部创业又包括内部创业。科伊雷能和佩尔托宁(1995)指出,"entrepreneurship education"(创业教育)的目标经常被狭义地理解成创办新企业。他们认为应该拓宽创业教育目标,即利用教育和指导方法,使创业成为学生生活的一部分。如果这一目标得以实现,人们就会通过创业成立很多新企业(Koiranen and Peltonen,1995,第10页)。科伊雷能和佩尔托宁引用了芬兰主流报纸《赫尔辛基日报》(*Helsingin Sanomat*)主编凯约·库拉(Keijo Kulha,1994)的观点。凯约对芬兰创业教育的本质总结如下:

在新教育政策中,创业的定义较为宽泛:既包括内部创业又包括外部创业。并不是所有人都想成为创业者,但每个学生都应该具备主动性,拥有合作技巧以及自学能力。(译文)

第一个主张在芬兰开展创业教育的组织机构是"经营者联盟"(the Employers Confederation)及其下属的"经济信息局"。该组织在创业教育领域积极开展了各种实践。"创业伴我成长组织"(Yrittäen Kasvuun 译作:Growth with Entrepreneurship)为开展创业教育的综合中学提供关于内部和外部创业的资料。该组织将内部创业定义为,在个人生活中,如学校学习、业余活动以及工作中具有创业精神并身体力行。同时,该组织将外部创业定义为从事经商职业(Economic Information Bureau and The Center of the School Clubs,1993,第9页)。经济信息局对创业教育的最新界定是:

创业教育是一个审慎的过程,它可以帮助学生:
① 成长为目标明确的人(拓宽视野、学会变通及与人合作)
② 了解经商的规律和原则,并将创业看作是一个可行的职业选择。(译文)
该定义是通过与教育主管图奥莫·莱赫德涅米(Tuomo Lähdeniemi)联系获得的经济信息局内部资料(1996年12月13日)。

芬兰管理组织部(the Department of Management and Organization)和瓦萨大学继续教育中心(the Center of Continuing Education of the University of Vaasa)研发出另一种在芬兰可行的创业教育模式。瓦萨大学的研究人员将创业定义为内部创业(具有灵活性、创业性格、创造性、风险承担能力、善于合作、勇于接受挑战和应变处事的特质)以及理解基本的商业意识(Decade of Entrepreneurship,1996)。

表 6-3　建构芬兰创业教育概念的相关文献

系统层面的定义
杜伦大学商学院凯尔德(DUSB/Caird,1990)
国家教育委员会(National Board of Education,1996)
里斯蒂马基和韦萨莱宁(Ristimäki and Vesalainen,1997)
奥贾拉和彼赫卡拉(Ojala and Pihkala,1994)
科伊雷能和佩尔托宁(Koiranen and Peltonen,1995)
莱赫德涅米(Lähdeniemi,1996)
创业十年项目(Decade of Entrepreneurship,1996)

　　以上是我梳理的七个关于芬兰创业教育概念界定的文献。在本小节一开始我曾介绍过,创业教育可以译作"entrepreneurship education"或"enterprise education"。之所以同一个词有两种不同的翻译方式,是因为北美和欧洲不同的文献对其表述有所不同。不过,以上文献对创业教育的界定比较一致,即创业教育既包括外部创业又包括内部创业。基于这样一个统一的定义,我将所有文献中的定义都归结于系统层面。

三、芬兰主要文献就创业教育基本原理展开的学术论争

　　因为对芬兰创业教育原理论争的分析框架与前几章相同,所以除非是芬兰文献中独有的分类,本章将不再介绍论据的分类方式(参见第四章)。公开论争在芬兰并不常见,因为从芬兰的传统上来看,即便是一些对社会不满的团体,如政治反对党,也不会公开发表反对意见。这是由于政府一直以来在社会中都拥有非常强大的影响力。在经历了经济萧条后,人们希望创业可以成为那个让经济得以复苏的救世主,因此全国上下都开始积极地用各种方式推广创业教育。总之,我几乎找不到公开反对创业教育的文献。在芬兰文化中,一些强烈反对主流观点的论述只会通过间接的文字方式体现出来。另外,芬兰并没有针对创业教育文献的数据库或交流中心。接下来,我将按照支持性和反对性论据两种分类,分别从社会及个体的角度来介绍芬兰文献中提到的观点。

（一）支持创业教育的论据

显然，基于芬兰创业教育的背景，大部分学术论争都支持开展创业教育。我将从以下两方面探讨支持性论据：①创业教育有助于社会发展；②创业教育有助于个体自身发展。

1. 创业教育有助于社会发展

芬兰的文献显示，似乎社会上大多数人都支持开展创业活动，这足以证明芬兰政府所做的努力。芬兰民众认为，尽管创业是一个国际问题，但与其在国际上的重要作用相比，让他们更关心的是芬兰的生存和发展。因此，无论是从国家还是地方层面，我们都可以找到关于支持创业教育的论据。

（1）创业教育有助于国家发展

国家教育委员会前任负责人维尔霍·黑尔委（Vilho Hirvi）就芬兰应该开展创业教育的理由给出了自己的解释：

> 大力推动创业是促进工业和社会发展的最重要方法之一。创业能够激发对人力资源的利用，形成一种现代人际网络关系，从而促进经济发展并增加就业机会。除此之外，创业还能够营造一种积极乐观的氛围。创业会对多方面产生影响，因此，人们不应忽视它的作用，至少一个正处在经济衰退期的国家是绝对不应忽视其作用的（译文）（Hirvi，1993，第 8 页）。

在芬兰，关于创业教育的第一本出版物是一份名为《在学校迈出创业第一步》（*First Steps Towards Entrepreneurship in Schools*）的报告。该报告总结了创业教育的基本原理（参见附录 4）。当时芬兰的政治和经济发展状况是开展创业教育的直接原因。芬兰希望通过创业增加就业岗位、让人们为工作变动做好准备并同时促进国家经济发展（National Board of Education，1993，附录 4）。

芬兰在 1995 年开展的"创业十年项目"证明芬兰政府在推动创业发展中所做出的努力（之前已详细介绍过"创业十年项目"）。该项目面向所有的芬兰民众，但以年轻人为主要目标群体。促进创业发展是一项长期工程，旨在让芬兰民众对创业产生一种积极的态度。这不但需要人们更加重视教育，而且还要为新企业的建立提供更多机会（National Board of Education，1996）。开展"创业十年项目"的理由如下：

> 开展该项目意义重大。政府就业政策指出："从政府的角度来说，'创业十年项目'非常重要，并希望所有相关政府部门都能够尽职尽责，为达成项目的目标提供大力支持。"（National Board of Education，1996）

科伊雷能和佩尔托宁（Koiranen and Peltonen，1995）简要总结了他们认为的国家开展创业教育的主要原因：

> 我们国家目前（1995）主要面临三大社会问题：民众失业、政府巨额贷款以及对发生通货膨胀的担心。这种情况将会持续很长时间。推动创业是解决这些问题的一种方法，毕竟新企业成立之初会产生强大的力量。如果没有教育的支持，创业不会成功。这也是为什么创业教育如此重要的原因之一。（译文）（Koiranen and Peltonen，1995，第 91 页）。

图尔库经济和工商管理学院的安蒂·帕西奥（Antti Paasio）教授是芬兰最著名的从事创业研究的教授之一。他曾说过："除非举国上下强力开展创业活动，否则失业状况不可能得到改善。"在一次针对地方教师举行的工作坊研讨中，他表达了自己对创业发展的希冀：

> 在 2006 年"创业十年项目"结束时，芬兰应该要新增 100,000 名

创业者、100,000 名成功创业者、200,000 名内部创业者以及 2,000,000 名具有创业精神的民众。因此，创业是促进芬兰发展的推动力。（译文）（Nissilä，1997，第 23 页）。

（2）创业教育有助于地方发展

芬兰是一个人口稀少的国家。农村人口减少长时间困扰着小型社区。芬兰中部地区的三个乡村型自治区也面临着同样的问题。因此，这三个社区早在芬兰政府开展创业教育行动之前，就已经开展了创业教育。这些小型社区把开展创业教育项目作为社区生存发展的策略，希望通过创业教育项目吸引年轻人留在本社区。

期望大批移民或大公司来到这些偏远地区是不切实际的，所以能够把年轻人留在社区就变得至关重要了。如果学校能够让年轻人拥有创业精神，那么他们就有可能在毕业后留在或返回家乡经营小企业（Karjalainen，1994，第 88 页）。

另外，芬兰中部地区一些处于北面的城市也开展了创业教育活动，这些城市原本就拥有相对活跃的创业文化。当地人已经意识到，如果无法为年轻人提供综合中学和高中后的继续教育，那么年轻人就会去其他地方上学，很有可能再也不回来了。因此，这些城市对于在学校开展创业教育的态度最为积极（Tuohinen，1995）。

当然，在芬兰其他农村地区也可以找到类似的例子。在维塔萨里市（Viitasaari municipality），当地的创业者积极主张在学校开展创业教育（Kilponen，1996）。在小群岛城镇帕拉宁（Parainen），综合中学的高年级学生与镇政府共同开办了一家合资服务公司。当地的公务员（以市长为首）非常支持这项举措。有些公务员积极参与到此项活动中来。该活动的目的并不是为了与当地现有的服务企业展开竞争，而是为了让学生了解当地企业，锻炼他们与主要部门沟通的能力（Luotonen，1997）。

2. 创业教育有助于个体自身发展

在本小节中，我将介绍关于年轻人自力更生方面的论据。这些论据

包括创业者对创业教育的支持、项目执行方法以及年轻人支持创业教育
的理由。

创业教育有助于年轻人自力更生。个体创业者是推动创业发展的最
有力群体。在建立创业文化时,创业者的推动作用也许并不是必需的,但
在建设和重建创业和谐环境时,创业者的作用却是必不可少的。芬兰长
期不重视创业。在这种情况下,就需要重建一种有益于创业文化发展的
环境。艾丽莎·阿霍宁(Eliisa Ahonen)是一个拥有 30 年创业经验的创
业者。她在国家级商业期刊中发表文章支持创业教育:

> 在未来职场中,我国的年轻人将要同欧洲其他国家的年轻人展
> 开竞争。他们需要掌握为雇主服务或自我雇佣的技能。他们要清楚
> 地意识到,即便拥有高学历,社会也不会为他们在相关部门安排工作
> 岗位。他们需要学习创业的基本要领并能够独立做决策。只有这
> 样,他们才不会被培养成"需要帮助的新人",而这似乎正是当今社会
> 的发展趋势。(译文)(Ahonen,1997,第 16 页)。

人们也许会认为,既然创业教育对芬兰的影响如此深远,那么就应该
存在各种类型的论据证明创业教育对年轻人有益。然而在芬兰,创业教
育对社会发展的促进作用似乎表现得更为突出,因此并不需要查找太多
关于这方面的论据。

瓦萨大学教育模式(参见前文)从学生的角度出发,将创业教育的目
标设定为:

> 借助创业教育和创业研究重建整个教育体系。教育的发展方向
> 就是要为学生将来的工作生活和结构性改变提供更好的建议。(译
> 文)(Liukkonen-Forssel,1996,第 10 页)。

一些当地举行的创业教育活动非常重视年轻人的幸福感。例如,"保

持学校干净"项目（Pidä koulu siistinä）是专门为小学生设计的（Toivonen，1994）。我认为这些为青少年设计的项目的确存在，但因为尚处于实施的初级阶段，项目负责人并没有足够时间把其中的理据整理成文公开发表。

针对年轻人是否支持创业的问题，索卡斯（Suokas）在其研究中表明：年轻人认为创业对芬兰的经济发展非常重要，他们还认为创业者身上具有积极向上的特点（Suokas，1990）。他的研究对象是一些已经完成职业学习的年轻人。该研究的目的是探索年轻人对工作的态度，尤其是他们对创业的态度。该研究是在经济萧条之前进行的。有人可能会认为，近年来经济生活的变化以及整个社会对创业的关注使人们对创业的态度更加积极。一项由芬兰盖洛普民意调查公司（Finnish Gallup，1996）发起的关于芬兰年轻人态度的最新调查（参见前文）证实了以上观点。该研究表明：和过去相比，年轻人现在对创业者的评价和创业的态度更加积极了，并且也认识到创业教育对他们具有的重要意义。

（二）反对创业教育的论据

反对芬兰进行创业教育的观点可以分为两类：出于社会原因反对创业教育以及出于个体原因反对创业教育。

1. 出于社会原因反对创业教育

在所有出于社会原因反对创业教育的观点中，呼声最高的是指责创业教育加剧了芬兰的社会不公。正如在本章简介部分所讲的那样，芬兰社会的特点决定了这些反对观点并不成体系，论据也限于个别学者提出的观点。其他三类出于社会原因反对芬兰进行创业教育的论据分别是：创业教育会促进资本主义发展、创业教育是一场骗局以及创业者对创业教育的错误预期。

（1）创业教育会加剧社会不公

和其他所有北欧国家一样，芬兰一直以来奉行的是提倡社会平等的福利国家制度意识形态。林纳和基维宁（1997）表示，社会公平的价值观在 20 世纪 90 年代逐渐被新自由主义经济政策所取代，这种经济政策鼓励国际间的市场竞争。他们认为"这项政策力图削弱贸易和劳动力市场组织，并在自由市场环境下促进个体间与企业间的竞争"（Rinne and Kivinen，1997，第 3 页）。

根据约尔科宁（1995）的观点，福利国家制度正处于危机当中，而教育政策立法应以效率和生产力这两大主题为前提。

> 在这种社会舆论下，平等主义几乎无法立足。这种新的社会舆论重视经济与教育之间的关系。虽然它强调个体，但这里的个体并不是指社会权利或人人平等的个人主义，而是指选择自我创业的个体，它是理解目前盛行的教育政策的关键概念。（译文）（Jolkkonen，1995，第 224 页）。

根据不断变化的条件，基维纳乌摩（Kivirauma，1994）对这种社会不公进行了解释：

> 在经济动荡时期，人们尤其重视提高生产效率；而在经济稳定发展时期，人们则会对社会公平提出更高的要求。现在的芬兰正处于经济困难时期，芬兰民众希望利用教育来更有效地刺激芬兰经济稳步增长。（译文）（Kivirauma，1994，第 217 页）。

（2）创业教育会促进资本主义的发展

林纳和基维宁（1997）预计，教育政策新的发展方向将会是维持社会再生产，这会加大已有的社会差距。他们认为："利他主义的教育乌托邦将会破灭，一股新自由主义的'冷风'会扑面而来。"不过，他们并没有直接断言在学校教育中引入市场意识会带来毁灭性打击，也没有直接表明在教育中促进资本主义发展是错误的。这是因为掌握政权的群体公开宣扬这些资本主义价值观并利用其推动国家经济的发展。芬兰文化具有趋同性特点,因此反对者并不会直接攻击主流政策,但是在他们的观点中也会体现出批判之声。

很明显,教育资本正在被划分为不同的层级,并且向社会中的某个特定阶层集聚;如果父母接受过良好的教育,其子女也同样会接受好的学校教育,达到较高的教育水平并且这些孩子能通过自学达到更高的教育水平。与之相反,教育程度低的父母似乎会排斥学校教育,而他们的子女在学校也表现得并不好(Rinne and Kivinen,1997,第 9 页)。

(3) 创业教育是一场骗局

约尔马·海斯基宁(Jorma Heiskanen,1996)是一名讲师,同时也是两个孩子的父亲。他反对芬兰民众对创业教育毫不质疑和全盘接收的态度。外部创业与内部创业共同发展,内部创业已经在芬兰社会成为了一个禁忌话题。但是,他主要批评的问题是创业教育与创业实际相脱节。他认为,创业教育的地位就如同宗教一样。他说道:

创业教育的原则和案例应来自于创业实践,但现实情况却是其内容已经延伸到综合性的人文主义学科领域。人们认为创业具有积极甚至是神话般的价值。(译文)

另外,海斯基宁还对创业教育的内容进行了批判:

芬兰缺乏创业教育方面的实证研究,且相关观点都没有经过验证,这导致创业教育的理论基础非常混乱。教师在授课时只是介绍一些成功的企业案例是远远不够的。难道我们能将整个教育系统仅建立在几个成功案例上吗?(译文)(Heiskanen,1996)

（4）创业者对创业教育持有错误预期

教师不熟悉商业运作，而创业者对学校也不够了解。对创业者而言，学校就是一个小型社区。创业者期望学校能够通过创业教育和校企合作为他们做出贡献。针对以上观点，一名高中教师表达了如下看法：

> 创业者的期望过于片面。他们认为教师应该把学生培养成优秀的员工，尤其要精通计算机，这样才能让他们在毕业后就可以马上找到工作。（译文）（Karjalainen，1994，第 89 页）。

她还认为，参与校企合作的创业者应该让学生了解整个商业运作过程，而不仅仅局限于了解自己的公司。

2. 出于个体原因反对创业教育

出于个体原因反对创业教育的唯一论据集中于创业教育提供虚假承诺。这类论据又可以划分为两个子类别类：一是尝试揭开创业教育的阴谋；二是从女权主义角度展开的论证。

约尔科宁（1995）最初曾对新社会环境中工人的角色感到困惑。因此，他在研究中解释了在生产领域中，"选择自我创业"最终如何成为"生产主体"的过程。他详细解释了该过程，并揭示了隐藏在概念中的非人道主义因素：

> 人们最初认为，员工主要从事一项有意义且专业的工作，并在工作中寻找个人成就感。而在这种创业的社会舆论基调下，某组织的内部现状被界定为是所在国家的现状。因此，员工必须要努力增加产量、保证质量以及推动创新。这样一来，所有员工，从首席执行官到最底层的工人都必须要为组织做出自己的贡献，并且将组织的目标置于个人目标之上。从某种意义上来讲，让工人创造最大价值的最好方式既不是关心群体之间的关系，也不是通过合理安排提高工作效率，而是将员工个体的内心挣扎转变为自主性和创造力，并使之

成为提高组织竞争力和推动企业成功的力量(Jolkkeonen,1995,第231页)。(译文)

约尔科宁认为,创业的论调和它所描述的画面并不是社会或组织的真实写照,它甚至已经超越了意识形态的范畴:

> 无论是在理论层面还是现实层面,创业的论调都与政治经济的目标相一致,并要为达成这一目标建立各种联系,为公司和管理层面获取最大的经济回报(Jolkkeonen,1995,第231页)。(译文)

科瓦莱宁(Kovalainen,1995)研究了从1960年到1990年芬兰女性创业的情况。她为自己的研究打下了基础并同时表示,失业问题与创业之间的关系非常不明确。她的研究表明,如果没有国家强有力的支持,自我雇佣并不是一个能够解决芬兰现状的最好且长期有效的方法(Kovalainen,1995,第11页)。女权主义者期望女性可以通过创业变得更强大。科瓦莱宁在研究中发现,即使从商女性的人数日益增加且从事的行业更加广泛,但她们在经济中的地位也不会有所提高。对此,她总结道:

> 我的观点与许多关于女性创业的研究恰恰相反。我觉得女性群体并不能通过自我雇佣的方式摆脱工作报酬及劳动力结构中男权思想的束缚。就我看来,无论我们研究的是哪种经济活动,社会中重男轻女的思想仍然根深蒂固(Kovalainen,1995,第224页)。

四、芬兰创业教育学术论争及图示

基于对现有相关文献的研究,本章介绍了芬兰的创业教育。在芬兰,创业教育与不断变化的国家经济有着千丝万缕的联系。教育在芬兰一直都备受推崇，它对社会进步和经济发展的重要意义是毋庸置疑的。然而，创业却在很长一段时间内都没有得到充分的重视。芬兰的创业教育才刚刚起步，因此，在回顾芬兰创业教育文献背景知识时，我给出了更为详实的介绍。创业教育正在寻求其在社会中的地位，因此我们有必要对这种新理念展开细致的分析。

随着福利国家制度的不断发展，芬兰也随之颁布了一些教育政策及许多其他领域的政策。在福利国家制度下，人们对教育抱有两大期望：推动经济增长和促进社会平等。福利国家制度下教育政策的特色就是能够达成共识，而这种双重期望就是教育共识的中心思想。芬兰议会制定整个国家的教育大纲。实施决策的机构包括教育部、国家教育委员会以及后来加入其中的地方学校和学校官员。尽管芬兰的左翼政党更注重公平，右翼政党更强调个性和效率，然而这两个主要政党在教育政策的核心问题上态度是基本一致的。目前，管理责任、个体特征以及决策权的下放是所有主要政党越来越关心的问题。

1991 年，芬兰的经济开始衰退。苏联（USSR）在政治和经济上发生了剧变，因此缩减了从芬兰进口商品的数量，而其他国家也同时减少了从芬兰进口纸制和林业产品的数量，这些都造成了芬兰国内大量企业倒闭，同时失业率激增。以上种种原因促使人们开始把目光投向创业，并把它视作一剂重振社会的良药。科伊雷能和佩尔托宁（Koiranen and Peltonen，1995）认为不能将高失业率仅仅归咎于经济的衰退。经济萧条确实是加速变革的原因之一，但不能将这些变化全部归结于经济萧条。造成失业的主要原因是芬兰社会结构的改变。技术的革新使得许多行业和职业都产生了巨大的变革，甚至造成整个行业或职业的消失。

1995 年，芬兰与瑞典同时加入欧盟。林纳和基维宁（1997）认为芬兰的政治环境发生了根本性的变革。北欧以国家为中心的福利政策和其他欧洲国家以市场为导向的政策之间产生了激烈的冲突。此后，为了提高在国际市场上的竞争力，芬兰政府颁布了一项更加自由的经济政策。该政策旨在削弱贸易和劳动力市场组织，并试图在自由市场中鼓励个人与企业间的竞争。

芬兰的教育系统面临着权力下放带来的巨大变革。学校在课程和管理方面将拥有更多的话语权。在资源逐渐减少的情况下,很多城市获得了更多的决策权。国家教育委员会只负责为教育计划提供大纲,学校可以根据大纲自行制定自己的教育计划。课程设置的权力下放意味着课程主题将更加贴近当地工商业的需要。

芬兰没有悠久的创业传统。首先,芬兰人对创业并不持有积极态度。但最近的一次关于年轻人态度的调查显示,现在的年轻人对创业者和创业的态度比过去几年更为积极。大多数年轻人表示自己有信心能够把握成功创业的机会,成功就掌握在他们的手中。这些年轻人崇拜创业者,认为创业者在增加工作机会和成为具有责任感的雇主方面发挥着重要的作用。其次,芬兰创业者面临着许多障碍,官僚主义和沉重的赋税让许多想创业的民众望而却步。对创业的消极认知和各种障碍已经在社会中显现出来。芬兰政府和总统已经认识到了这些问题,开始采取应对的措施,并承诺要尽最大可能来提高创业者的社会地位。其中最为显著的就是开展了"创业十年项目"。该项目由三个州的政府部门共同发起,力图凝聚所有力量,推动创业的发展,从而可以在芬兰建立一种创业文化。

目前,创业一词在芬兰已经成为一个流行语。不过,创业教育概念仍然没有清晰的界定,这是因为创业教育在现实中仍然没有发展起来。为了回答第一个研究问题,我们可以这样总结:芬兰的创业教育活动模仿了英国的模式,创业教育被称为"enterprise education"而不是"entrepreneurship education"。它包括两部分:内部创业教育和外部创业教育。学习内部创业,即培养具有创业精神的个体,已经成为大众教育的共同目标;而外部创业的学习则需在一些专门开展创业教育的学校中进行。创业教育其中的一个宏观目标就是要通过自上而下的策略在芬兰社会营造一种具有创业精神的文化氛围。

为了回答和创业教育原理相关的第二个研究问题,我回顾了一些相关文献。这些文献来源丰富,包括政府出版物、学术评论以及报纸中的公众看法(参见表6-4)。由于芬兰学术氛围具有"服从"的特点,学者们不会大量公开质疑一些受到政府鼓励或被大多数民众接受了的观点。我把文献中找到的论据进行分类(分类方法与前几章相同)。图6-1是芬兰创业教育学术论争的互文图示,它也是回答第三个研究问题的基础。

表6-4 芬兰创业教育学术论争的主要文献综述和总结

支持创业教育的论据	
有助于社会发展	
层面:	来源:
国家:经济发展	黑尔委(Hirvi,1993)
	国家教育委员会(National Board of Education,1996)
	科伊雷能和佩尔托宁(Koiranen and Peltonen,1995)
地方:城市的生存力	安蒂·帕西奥(Nissilä,1997)
	卡亚雷宁(Karjalainen,1994)
	图奥希宁(Tuohinen,1995)
	基尔伯宁(Kilponen,1996)
	卢奥托宁(Luotonen,1997)
有助于个体自身发展	
	阿霍宁(Ahonen,1997)
	卢科宁-福塞尔(Liukkonen-Forssel,1996)
年轻人自力更生	托伊沃宁(Toivonen,1994)
	索卡斯(Suokas,1990)
	芬兰盖洛普民意调查公司(Finnish Gallup,1996)
反对创业教育的论据	
出于社会原因	
层面:	来源:
社会不公	林纳和基维宁(Rinne and Kivinen,1997)
	约尔科宁(Jolkkonen,1995)
	基维纳乌摩(Kivirauma,1994)
促进资本主义发展	林纳和基维宁(Rinne and Kivinen,1997)
骗局	海斯基宁(Heiskanen,1996)
错误预期	卡亚雷宁(Karjalainen,1994)
出于个体原因	
虚假承诺	约尔科宁(Jolkkonen,1995)
	科瓦莱宁(Kovalainen,1995)

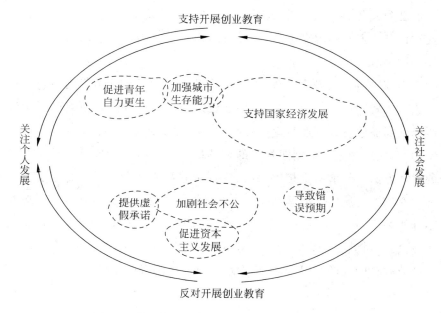

图 6-1 芬兰创业教育学术论争的话语共同体图示

从芬兰的文献中可以看出,由于社会效率得到了提高,绝大多数论据都支持创业教育。国家层面的论据表明:为了国家的未来,国家教育系统和学校必须以创业教育为导向。随着教育权力的下放,城市也开始承担一部分教育责任,因此我们可以在地方层面找到许多支持创业教育的论据。但是,在这些支持性论据中能够证明创业教育有助于个体自身发展的论据并不多见。我认为,由于芬兰的创业教育刚刚起步,人们很难支持他们不甚了解的事物。还有一些是基于他国的经验而支持创业教育的论据,但是本研究并没有选取这些论据。我认为,未来研究的方向可能是关于如何促进个体发展的支持性论据,如年轻人的倡议、创业者支持论据以及年轻人的观点。

反对创业教育的论据主要围绕的是创业教育会对社会公正和平等产生威胁,以及它所给予人们的虚假承诺。当然,本章还呈现了一些创业者的观点。有些创业者表示,他们期望学校能够为企业培养有能力的员工。

一位已为人父的教师认为人们应该批判性地看待创业教育。他强调，创业教育已经上升到国家意识形态层面，而芬兰急需对创业教育进行公开地探讨。

　　作为一位从事教育工作的芬兰人，我对芬兰的创业教育有着自己的看法。我赞同那位父亲的观点，同样也认为芬兰需要进行更多的讨论和研究。我能够看到创业教育在推动国家经济发展方面的积极作用。但即便如此，我认为芬兰对创业教育的理解更倾向于将它看成是一种年轻人的生存方法。与前两章相比，我在本章对芬兰的社会背景进行了更为详细的介绍。之所以需要详细介绍芬兰的社会背景是因为创业教育在芬兰刚开始起步，相关文献并不多见。而且，由于芬兰文化不鼓励公开讨论问题，这使得对创业教育的探讨变得更加复杂。我认为自己积极参与了芬兰创业教育问题的探讨，大家从图示中可以找到我的立场。

第七章　对比和分析

前面三章分别对美国、英国和芬兰的情况进行了描述与分析。根据研究问题，我将在本章对比和讨论这三章的研究发现。为了便于对比，在讨论相似之处时，我会采用"创业教育"（entrepreneurial education）一词作为涵盖性术语；而当探讨不同之处时，我将分别采用各国的具体术语。另外，在逐一阐述研究发现时，我将对比本研究与前人的研究及文献。当然，在讨论本研究的实际发现之前，我们仍有必要对与之相关的背景知识进行简要的总结。

格思里和皮尔斯（Guthrie and Pierce，1990）认为，英、美两国教育领域产生新发展的主要推动力就是自由市场经济。从我阅读过的文献来看，芬兰的情况也是如此。这三个国家都是高度工业化的西方国家。因为迫于想要在经济上更具有竞争力，三国分别开展了早期的教育改革（Elliott and Maclennan，1994）。尤其在英国和美国，人们认为教育未能实现其原本的职责。据文献记载，英国和芬兰创业教育发展的主要原因有两个：一是严重的失业问题（英国年轻人失业问题尤为严重）；二是福利国家制度的崩溃。由于自由党政府实施的政策遭遇失败，这三个国家都产生了新的意识形态。英国保守党、美国共和党以及芬兰右翼政党执政后所颁布的政策都带有新自由主义和新保守主义色彩。观察家们把这些政策看成是新右翼运动的一部分。英、美两国在 20 世纪 80 年代开始改革，十年后芬兰也走上了改革之路。三个国家都在本国独特的教育和政治框架之下进行了改革，改革的内容相似，但方式有所不同。英国的教育政策相对来说受到中央政府的高度控制，政府官员制定了一系列统一且涉及范围较广的教育改革政策。美国政府对教育的管控则较为分散，教育改革可以由各州分别进行（Guthrie and Pierce，1990）。芬兰的文献表明，芬兰正处于两种管控力度的中间点。从传统意义上来讲，芬兰实行的是高度中央集权制，而新的社会要求以及改革与教育权力下放的管理方式较为契合。

一、研究问题 1：美国、英国和芬兰是如何界定创业教育概念的？

在本小节，我将就各国如何界定创业教育概念的问题进行总结。之后，我将分析从创业理论和文化背景研究中得到的发现并着重对比这些研究发现。

研究发现三个国家的普通民众都不太了解创业教育的概念。关于创业教育概念的界定问题，各国观点各不相同，甚至所谓的"专家"也没能达成统一意见。在美国文献中，创业教育被称作"entrepreneurship education"，而在英国文献中，它被称作"enterprise education"。芬兰语文献使用的是"yrittäjyyskasvatus"一词，它既可以被译成英语的"entrepreneurship education"，又可以被译成"enterprise education"（两者都可以译成创业教育）。然而，这两种英文翻译却有概念上的不同。芬兰的创业教育（yrittäjyyskasvatus）受到英、美的共同影响，这在一定程度上造成了术语的混乱。最近，芬兰语"yrittäjyyskasvatus"被译成"enterprise education"，这表明英国对芬兰的强大影响力。不过，在芬兰文献中也能同时找到"entrepreneurship"这种表述方式。

目前，英、美两国就创业教育的定义存在很多不同界定。我将这些定义分成三个层面：系统层面、组织层面和参与者层面。系统层面的定义侧重从社会经济和教育系统的角度界定创业教育；组织层面的定义侧重创业教育的组织和传播；参与者层面的定义则侧重个体对创业教育的期待。显然，这种分类方法比较主观，但对分析创业教育却大有裨益。另外，这种分类方式能清楚地告诉我们：谁或者什么才是创业教育的对象。本研究的另一个维度是研究各国界定中创业教育要达成的目标。在进行研究分析时,我会回顾各个层级的定义是如何体现创业教育目标的,并且尝试把创业教育目标与创业理论联系起来。

在美国,人们很难就创业教育形成统一的定义,这是因为美国创业活动数量巨大且教育系统管理较为分散。美国没有国家层面的创业教育管理系统,也没有颁布统一、国家层面的教育政策来开展项目和设置课程。美国社会分散度高、包容性强并允许不同社会阶层拥有各自的文化和规范,这导致美国文献对创业教育进行了多种形式的界定,这一点是可以理解的。本研究并不是想通过总结研究结果找到一个能够让各方达成最终共识的创业教育概念,而是想要促进新理念的产生。但为了便于开展国家间的对比,我们需要对研究结果进行总结并在一定程度上得出统一的结论。吉布(Gibb,1993,第 29 页)非常明确地总结了美国创业教育的首要目标,那就是要"培养独立经营意识,增加对独立经营的理解以及提高独立经营的动机"。然而,人们就如何界定创业教育这一概念持有不同的观点。肯特(Kent,1990b,第 187 页)认为,应该通过结果而不是通过特征来界定创业教育,这样可以更为宽泛地描述创业教育概念,如可以包括大型企业和小企业的各种创新活动。另外,国际创业教育联盟(International Consortium)对创业教育的看法(Ashmore,1991)与欧洲国家相似,也认为创业教育是一种终身性的学习活动。

在英国,创业教育用英语表达为"enterprise education"。人们认为,创业教育可以从某种程度上开发每个学生的创业潜质(Gibb,1987)。创业教育的主要目的是要为人们提供帮助,特别是要使人们通过学习确立一种自力更生的态度(Cotton,1991)。吉布界定的创业教育定义是:创业教育要培养年轻人经商的"感觉"、了解创业、提升洞察力以及激发创业动机,而不是要直接告诉他们如何解决创业过程中所面临的问题或者向其传授传统的商业知识和技能(Gibb,1993,第 29 页)。创业教育的主要目标是培养学生的创业行为、创业技能和创业特质。通过对以上三方面的培养,创业教育也要同时提高学生对已知具体现象的洞察力和理解力。创业教育与行为学习和发现学习最大的区别是,创业教育的教授方式是让学生独立经营小型盈利企业或开展非营利的模拟项目(Gibb,1993,第15页)。

芬兰文献中所有关于创业的定义都可以归为系统层面,因为它们将开展创业教育看作是一种"国家行为"。所有定义都将创业教育分为内部创业教育和外部创业教育两类。内部创业教育对个人的工作和生活都非常有益,外部创业教育则传授一些从事商业活动所需要的知识和技能(Economic Information Bureau and The Center of the School Clubs,1993)。一些评论者认为,内部创业教育与公民教育非常相似。

英国和美国创业教育定义可以从三个层面进行划分,但芬兰创业教育的所有定义都可以归为系统层面。关于创业教育定义的问题,本研究的结果与英国学者提出的观点尤为契合:创业教育定义存在明显区别,一种观点认为创业教育应侧重于培养创业行为、创业技能和创业特质(enterprise education);另一种观点认为创业教育应侧重小企业经营和企业的创立(entrepreneurship education)。英国和芬兰的文献大多支持第一种观点,认为只要能够成功应用教学模式,就可以在课程中实施创业教育。美国创业教育的定义源于美国对创业的普遍理解:"创业是一种具有创造性并且能够产生增值的经济活动"(Berger,1991,第8页),创业能够增加收入(Churchil,1992;Timmons,1995;Gunderson,1990)。在欧洲文献中,人们提到美国对创业教育的理解最为全面。然而,从欧洲创业教育的实际来看,美国的这些定义却显得较为狭隘。从英国的文献中,我们可以看出它所说的创业教育侧重于培养创业特质,并最终培养出具有创业精神的人。在这些定义中,创业虽然不能直接保证一定会带来物质回报,但还是暗示有可能会有一定的收获。芬兰的创业定义包括以上的双重含义。佩尔托宁(Peltonen,1986)将创业分为内部创业和外部创业。芬兰所有创业教育的定义都是在该定义的基础上发展起来的。我在芬兰和美国都曾与接受创业教育的年轻人一起工作过。基于我的专业工作经历,美国的年轻人更加倾向于将创业看作是一种能够迅速致富的方法。他们的偶像大多都是那些看似能够一夜致富的人,如史蒂夫·乔布斯

(Steven Jobbs)和比尔·盖茨(Bill Gates)等人。芬兰的年轻人认为,创业通常需要投入极大的努力,但结果却并不一定能够成功。相比之下,在大企业或政府部门工作更为舒适。本研究引用的盖洛普民意调查证实了这一观点(Finnish Gallup, 1996; Gallup Organization and National Center for Research in Economic Education, 1994)。

　　另外,吉布提出的创业文化理论,包括一系列支持独立创业的价值观、信仰及态度。这一理论对英国和芬兰创业教育的发展都具有十分重要的意义。吉布认为,在企业分布密集的地区,人们更加倾向于开展创业,企业经营也具有更明显的文化规范。如果缺乏促进创业文化发展的条件,人们还可以通过教育培训、升职和奖励制度等方式在年轻人成长过程中激发他们的创业抱负和潜能(Gibb, 1990,第 44—45 页)。通过对各国背景文献的回顾,我们可以得出以下结论:与英国和芬兰相比,美国的环境(无论是现在还是过去)更适合小企业的发展。当然,发展小企业和创造就业机会对各国经济发展都是至关重要的。因此,我认为将创业文化教育纳入创业教育的另一个原因是,即使对于一些将来不会创业的学生来说,这种教育也会有助于他们获得创业特质,而这也同样有助于创业文化建设。另外,英国和芬兰福利国家制度的失败也证明有必要通过创业教育培养公民的一些个人特质。鉴于英国和芬兰现有的文化中缺少创业观念,这就要求两国不仅应该创立更多的企业,还要让人们学习并掌握生存技能以及具有创业精神。

　　通过对第一个研究问题的总结,我得出以下结论:总体上来说,人们就与创业相关的概念和术语尚未达成共识,因此目前三个国家都没有统一的术语。但从上文中可以看出,有些学者已经在尝试简化创业概念。基于他们的研究,我对创业教育进行总体的概括:"entrepreneurship education"(创业教育)更侧重于小企业的经营和企业的创建等活动,而"enterprise education"(创业教育)则更侧重于培养能够应用于所有领域(不仅是商业领域)的创业行为、创业技能和创业特质。

二、研究问题 2：美国、英国和芬兰创业教育的基本原理有何不同？

在本小节中，我将按照前文中问题阐述部分划分的维度对各国学术论争的结果进行阐述。本部分文献综述所使用的框架和介绍各国背景时所使用的框架一样，也是把论据按照支持和反对及社会和个体的四个维度进行了划分。这四个维度是：①出于社会原因支持创业教育；②出于个体原因支持创业教育；③出于社会原因反对创业教育；④出于个体原因反对创业教育。在此，本研究将对比并分析各国的观点和看法。图 7-1 是三个国家的学术论争图示，它可以帮助我们回顾各国的情况。

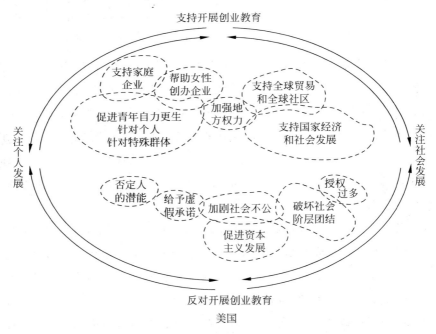

图 7-1　美国、英国和芬兰建构创业教育政策的学术论争对比图

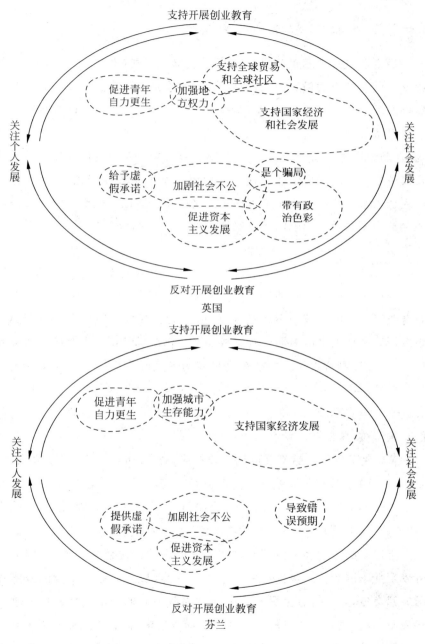

图 7-1 （续图）

（一）创业教育有助于社会发展

最主要且最明显的支持性论据分别位于三国论争图示的右上方，其中支持创业教育的最有力论据是创业教育有助于国家经济发展。支持开展创业教育的学者认为，推动创业发展以及培养年轻人进行自我雇佣是国家经济发展的最好保障。戴维斯和格皮（Davies and Guppy，1997）认为，在新自由主义者的鼓吹下，学校教育被当成经济衰退的罪魁祸首。教育改革是为了应对后工业时代劳动力市场发生的各种变化。另外，也有些人认为世界经济重组是复苏国民经济的主要方法。他们认为对经济转型会产生至关重要影响的是一些能够培养"多种技能"的课程，包括注重顾客关系、解决问题、培养创业精神以及跨文化交际能力（Davies and Guppy，1997，第439页），文献表明以上观点在英国最为常见。在英国，教育改革是由高度集权的中央政府负责的。同样，尽管芬兰近期的国家教育改革执行的是权力下放制度，但传统上它奉行的还是中央政府高度集权制。芬兰的文献表明中央集权的文化传统仍然影响着政府的决策和行动，只不过侧重点从维护社会公平变为了鼓励人们创业。在美国的文献论争图示中，国家层面的论据还有另一个子类别，即创业教育有助于社会进步。申克勒（Shickler，1997）认为给青少年提供创业教育能够帮助他们克服困难，这对整个社会都有益处。

英、美两国的文献都表明创业教育能够提高本国在世界经济中的竞争力。这两个国家在世界历史上都曾经是经济强国，在国际市场中享有较高的地位，并且都有决心继续保持强大的竞争力。戴维斯和格皮（1997，第438页）和其他一些学者认为，教育改革尤其会吸引到一些处于经济衰退期的老牌经济强国。这些国家的领导人提倡教育创新，因为这可以帮助本国获得竞争优势并重塑经济活力，从而能够与当今的经济强国展开竞争。当然，芬兰民众也关注世界各国间的经济竞争。但文献综述表明，芬兰民众更关心的是如何在全球竞争中得以生存，而并不关心如何才能占领世界市场。他们是通过国家角度来观察世界经济问题的。因此,芬兰图示中并没有体现出关于世界经济竞争层面的论据。

英、美两国地方层面的论据表明,支持创业教育有助于把权利下放到不同的社会群体中去。英、美两国,尤其是美国,一直以来都存在某些"社会群体",如各民族群体组织了自己的民间组织并通过合法方式来帮助其提高社会地位以及争取社会福利。另外,美国的文献表明,一些特殊利益集团已经认识到可以通过创业教育这种社交工具来宣扬自己的世界观。芬兰社会具有相对趋同性的特点,加之其奉行的福利政策非常完善,所以一些文化和民族群体正逐渐失去抗争的积极性。不过,就像芬兰图示中地方层面的论据显示的那样:最近,一些芬兰的城市已经认识到将创业教育纳入当地学校课程可以防止年轻人涌入大城市。

(二)创业教育有助于个体自身发展

从创业教育有助于个体发展的观点来看,各国主要探讨的是年轻人自力更生的问题。支持这一观点的论据在图示的左上方。吉布森(1994)认为,英国创业教育的核心是要培养年轻人的创业精神,芬兰创业教育的定义也是如此。尽管所有创业教育的定义都是从整个教育系统出发,但这些定义并没有忽视对个体的关心。在美国,许多组织机构为年轻人提供了创业项目。从这些项目的目标和学习材料来看,这些项目是要帮助年轻人获得成功。有论据表明特殊群体能够从创业教育中获益。这些群体包括那些两极分化的群体,如问题青年群体中经济地位低下的市中心贫民区青年(尤其是那些有天赋的学生)。另外,美国商业发达、文化具有多元性特点。因此,一些特殊利益群体把为年轻人提供创业教育看作是保护群体和个人利益的举措。有些论据表明,支持家族企业开展创业教育是一种将业务保留在家族内部的手段。也有一些论据探讨了女性创业。创业可以帮助女性在商业领域达到和男性同等的水平。据我所知,芬兰社会中有一些组织和学术研究机构非常关注家族企业发展和女性创办企业的问题,但我并没有找到这种提倡特殊创业教育的文献。即使存在类似的论据,也不容易在芬兰和英国的文献中找到。我认为,如果创业教育能够在社会中得更加发展,这些特殊群体就会在学术论争中拥有话语权。

(三)出于社会原因反对创业教育

在英国文献中存在大量出于社会原因反对创业教育的论据。这些反对声音生动有力,令人无法忽视。这一类论据的位置处于图示的右下方。埃利奥特和麦克伦南(1994,第 10 页)将这些论争称作"意识形态的战争"。他们认为和大西洋彼岸的国家相比,英国的矛盾冲突更加尖锐。针对这种地域上呈现出来的不平衡性,我给出的第一种解释是:英国社会历史悠久,文化根深蒂固并拥有成熟的媒体,这些使英国社会性的批判能力达到了一定水平。英格兰和威尔士引入和大力推广创业文化理念,并开始积极探讨一些相关问题(如教育改革和创业教育),这势必会引起英国学术界展开一番激烈的论争。然而,正如柯伦(1991)所讲的那样,批判者们花费了若干年时间才真正了解了英国创业的全貌。因此直到 20 世纪90 年代初,英国学术界对创业教育批判的劲头才略显强劲。首先,学者们对创业教育的政治源头进行了激烈地探讨,包括吉布森(1994)和吉布(1993)在内的一些学者认为创业教育在政治上是保持中立的。而这种观点却遭到了另外一些学者的驳斥,他们认为开展创业教育会使民众成为实现新右翼政治主张的傀儡。撒切尔政府忽略了职业教育者在制定新国家课程方面的专业意见,这引起了他们的不满。与英国相比,美国与职业教育者的合作更为紧密。格思里和皮尔斯(1990)认为,虽然美国学校改革实施的范围较广,但本质上却并不彻底。因此,负责商业管理的官员和公民领袖一直在不断加强与职业教育者之间的合作。同样,芬兰开展的"创业十年项目"号召所有人积极参与、共同努力。

艾略特和麦克伦南(1994)认为,因为追求经济发展、强化社会规范并尊重高雅文化和传统道德,英格兰和威尔士实施的《1988 年教育改革法案》以及国家课程设置削弱了社会公平。戴维斯和格皮(1997)认为社会再生产是这些改革的核心。事实上,三个国家都有一些学者批判创业教育,认为它促进了资本主义发展并加剧了社会不公。对此,英、美两国学者的批判之声更为有力。英、美两国的文献将创业教育和全球化、教育市场化及新自由消费主义联系起来。在美国,新马克思主义研究者批判了一些左翼政策的观点,并且认为创业教育会促进资本主义发展。甚至有论据指出,极左分子意图通过阻止穷人和工人阶级创业来巩固自己的阶级地位。芬兰的文献表明,有些学者甚至担心创业教育会将学生过早地划分为两个阵营:赢家和输家(Jolkkonen,1995)。北欧国家高度重视社会公平,而这也是芬兰一直以来都在努力要达成的目标。当今的文献指出,芬兰的普通大众对商业价值渗入学校表示担忧。芬兰研究者基维纳乌摩(Kivirauma,1994)分析了变化环境中的社会不公现象,他表示:"在经济动荡时期,人们重视提高生产效率;而在经济稳定发展时期,人们则会对社会公平提出更高的要求"。我在英国文献中找到了一些和芬兰观点相似的论据。此外,一些英国学者(Carmen,1995;Peffers,1998)还关注政策传播。他们指出,促使英国向其他国家传播创业教育的部分原因是英国官员想保护自己作为国际顾问的个人利益。卡门认为,向发展中国家推介创业教育在很大程度上就如同教育帝国主义入侵:

> 发展中国家不需要······这种来自国外、陌生的推介。这样只会令他们越来越脱离现实情况,无法了解自己真正的能力和创造力,也无法利用本国和地方的资源以及国民创造和变通的天赋(Carmen,1995,第 84 页)。

另外,我还找到几篇英国文献,其作者都认为创业教育就是一场骗局,或者至少对创业教育是否能带来改变持有怀疑(Law,1990;Weir,1986)。在芬兰,一位已为人父的教育者在他的评论中提出了类似的质疑。他指出,创业实际上已经脱离了创业的本质,达到了近乎宗教的地位(Heiskanen,1996)。

而且,令人吃惊的是有些企业领导对创业教育也持反对态度。当然,我必须声明：实事求是来讲，文献表明大多数企业领导还是支持创业教育的。韦尔德（Weird，1986）指出，许多英国信托机构和企业认为自己的任务是推进"创业教育"，这是因为他们知道如果自己想成为资本家，就必须要帮助年轻人实现创业、寻找创办小企业的商机。不过，也有论据指出，企业领导并不是十分愿意雇佣那些具有高度创业精神的员工。此外，他们也不想企业因下属要实现自我雇佣而失去最好的员工。卡亚雷宁（Karjalainen，1994）认为，芬兰企业的负责人期盼通过新型、有益于经营的创业教育培训让工人能够为工作做好准备。在 20 世纪 80 年代，英、美两国的企业领导者也同样需要大量为工作做好准备的员工。因此，文献中也出现了与芬兰相似的观点。不过在芬兰，书面形式的学术论争并不十分激烈。卡亚雷宁的评论证明芬兰也存在相似的观点，但同时也表明芬兰民众对创业教育尚缺乏了解。

（四）出于个体原因反对创业教育

上文提到很多论据也同时体现了出于个体原因反对创业教育的观点。出于社会原因和出于个体原因反对创业教育这两个维度之间存在明显的界限。出于个体原因反对创业教育处于图示的左下方。三个国家最常见的一类论据就是创业教育提供虚假承诺。美国的纳尔森、帕隆斯基和卡尔森（Nelson，Palonsky and Carlson，1990）、英国的斯特罗纳克（Stronach，1990）和芬兰的约尔科宁（Jolkkonen，1995）指控创业教育就是一种教条灌输。他们认为创业教育提倡的所有人都可以选择从商的观点是一种带有误导性甚至非人性的谎言和辞藻。在芬兰，性别相对平等。因此，芬兰学者对创业可以促进性别平等方面发挥的作用感到困惑。与许多关于女性创业的研究结果相反，科瓦莱宁（Kovalainen，1995）提出在任何经济活动中，女性都不能通过创业摆脱家长制和性别的束缚。一些美国文献研究（Day and Willette，1987；Watts，1987）指出创业有两个特殊的谬论，分别是"饱和说"和"资金匮乏说"。他们认为这两个错误的观点否认了人类的潜力，甚至会阻碍人们产生运用潜能的想法。

三、研究问题 3：如何将三国对创业教育的理解制图以创建文献论争的互文场？

我将三国的论争以互文图示的方式进行展示，以此总结本研究的结果并回答第三个研究问题。在各国案例的探讨部分，我已经详细解释过这些图示，并且本章在对第二个研究问题进行分析之前，我也再次展示了这三个图示。

保罗斯通和利伯曼（1996b）认为在任何著作中，图示都属于其创造者。我将这三个国家关于创业教育原理的文献进行分类并制成了图示。这些图示为我们提供了视觉工具，从而能够对比这些论争。在进行图示对比时，我们能够明显看出美国的图示内容最充分、分布也最为均匀；而芬兰的图示有将近一半的空白区域。在美国的图示中，那些用于分类的云形图案所囊括的子类别看起来也比其他两国要多一些。在这些图示中，美国的图示有十二个主类别和八个子类别；英国的图示有九个主类别和两个子类别；而芬兰的图示只有七个类别。从这一点上看，我们认为美国的论争比其他两国讨论更复杂，涉及面更广。在芬兰，创业教育尚且是一个新兴事物。所以，也不难理解为什么芬兰图示的空白区域比其他两国要多。尽管各国从 1993 年就开始努力开展创业教育，但它仍然处于实验阶段。而且，从芬兰的文化来看，这也是非常正常的。因为，我们已经在芬兰创业教育那章解释过，芬兰是一个奉行求同原则的小国，它并不拥有一种广泛且浓厚的"论争氛围"。因此，人们不会在公开场合大规模地探讨政府支持并得到广大市民认可的举措。英国和芬兰图示中的论据多集中在社会方面，这是因为这两个国家长久以来奉行的都是中央政府高度集权制，而改革是为了谋取国家的整体利益。因此，人们探讨更多的还是社会原因。图示中云状图的大小虽并不直接代表论据的数量，但也在这一方面有所暗示。在图示中，国家层面论据的云状图面积最大，这就表明该层面的论据也是最多的。就国家层面的云状图而言，英国的面积最大，其次是芬兰，而美国的面积最小。在美国的图示中，年轻人自力更生类别的云状图与国家类别的云状图大小基本相同,这表明在美国出于个体原因和社会原因支持创业教育的论据同样重要。每个图示都有其他图示没有的类别,如美国的家族企业和女性创办企业、英国的出于政治角度反对创业教育以及芬兰图示中的乡村型自治区发展问题。这些类别在其他国家的讨论中可能也有所涉及,只不过并不十分明显。因此,我并没有找到相关的文献。英、美两国的文献中不乏针对种族和民族的讨论,但芬兰文献却并没有涉及这方面的探讨。另外,每个图示中支持创业教育的论据所占的比重远远高于反对论据所占的比重。这是因为总体来说,支持创业教育的论据类别要多于反对论据的类别。

概念性图示具有主观性。所以,在此我将对自己进行评估。我是一个会通过视觉进行思考的人。在阅读相关文献时,我就开始勾勒论争图示并将不同的论据进行分类。针对草图的内容和形式,我又进行了几次修正。尽管这些图示代表的是我个人的文献梳理,但我与匹兹堡大学的同事和专业学术会议上的同行共同分享探讨过这些图示,并获得了他们提出的修改建议。当然,随着对创业教育认识的不断深入,我很可能还会进一步修正这些图示。我把制图看作是一个随着时间变化而变化的动态过程。同样,本研究中所引用的文献也代表着当今创业教育领域的不同观点。所以,这些图示也只代表我目前的想法。将来的图示可能会和过去的图示有所不同。同样,其他人通过阅读相同的文献也可能会描绘出不同的图示。当然,我认为图示的动态性是这种研究方法的优势而非劣势。

本章是对第二个研究问题的研究结果进行总结。这些图示具有指导作用,在这些视觉图示的帮助之下,我能够更加容易地对文本进行分类。选择这种动态研究方法的另一个原因是,本研究的关键是要引导读者通过阅读重新探讨创业教育的论争(Paulston,1996b,第16页)。我当时面临的挑战是如何将这些二维图示叠加在一起,为此,我参考了保罗斯通和利伯曼(1994,第227页)之前制作过的类似视觉图示。

图7-2中的三重叠加图阐释了本研究中各国创业教育讨论中的相同点和不同点。该图示再现了各国论争:颜色最深的区域代表芬兰论争的

分类;中度灰色区域代表英国论争的分类;浅灰色区域代表美国的论争。这个图示体现了各国类别的重叠部分及与其他两国不同的类别。当然,目前的视觉图示在未来的研究中还有待改进。虽然说使用更多颜色可以增加新的维度,但对于学术研究来说灰色系就足够了。另一种方式是将三个图示印在幻灯片上,并把它们叠加起来。塞皮(Seppi,1996,第 128 页)对图示的展示方法,如"层叠主题图解",告诉我们一定还有更加复杂的图示制作方法。随着电脑技术的发展,必将会出现越来越多的语篇制图方法。

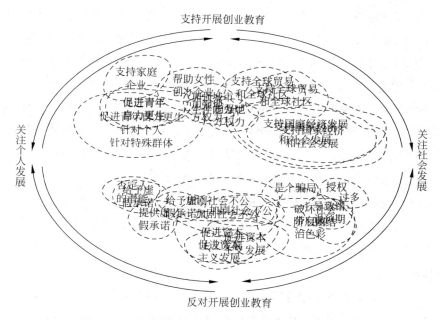

图 7-2　美国、英国和芬兰创业教育的学术论争话语叠加图

　　在本章,我对三个研究问题的结论进行了回顾和分析,阐述了三个国家对创业教育的理解的主要相同点和不同点。我回顾了关于创业教育原理的论争,并在阅读和分析相关文献论争的基础上对三个国家创业教育的现状进行了制图描述。我认为只有在勾勒芬兰的图示中自己才是一名主动的参与者,并通过图示表达了自己的观点。接下来,我将对本研究进行总结并为芬兰的政策和将来的探讨提出建议。

第八章　总结和建议

　　本研究的主要目的是通过对比研究方法帮助人们更多地了解创业教育。创业教育是一个涵盖各国正规教育中所有创业活动的概括性术语。美国将此类活动称为"entrepreneurship education"（创业教育），而英国和芬兰则称为"enterprise education"（创业教育）。实际上，芬兰对该术语的学术论争是用芬兰语表述的，因此对于究竟怎样才是最佳的翻译方式尚无定论。本研究的另一个目的是通过运用社会地图学方法进行国家间的对比，以此来检验社会地图学方法的效度。对于创业教育的定义，我先以国家为单位依次进行阐述，然后再进行国家间的对比。通过对书面文献的论据分析，我展示了各国关于创业教育的探讨，并分别制作出三个国家的语篇话语图示。此外，我还检验了社会地图学的研究方法。在本章，我将对研究结果进行总结，并阐述本研究的现实意义以及对未来研究提出的若干建议。

　　本研究回顾了创业教育概念，但并没有找到各国可以通用的统一定义。我得出的结论是，创业教育概念的确会受到环境的影响，这取决于在不同环境中形成的主流创业概念。我认同拉欣（Rushing，1990）和佩恩（Payne，1988）对创业的界定方法：人们可以从不同角度来理解创业，这取决于所要强调的重点。在这个不断变化的社会中，创业是一个动态过程，因此用静态定义界定创业肯定是不合适的。为了便于开展国家间的对比，我们可以用两种方法对创业进行简单的界定："entrepreneurship education"（创业教育）更侧重于小企业经营和创立企业，而"enterprise education"（创业教育）则侧重于培养能够应用于所有领域的（不仅是商业领域)创业行为、创业技能和创业特质。我建议芬兰创业教育的概念应与目前国际上的主流趋势保持一致,即把芬兰语"创业教育"一词翻译成"enterprise education"(创业教育),并根据佩尔托宁(Peltonen)提出的内部创业和外部创业对创业教育进行界定。

关于创业教育原理论争的对比表明三个国家的探讨存在诸多不同之处,而且比前人的研究结果更为复杂。虽然各国的探讨都存在一些相似之处,但三个国家的图示也都体现出就创业教育而言,各国都有自己的探讨角度。美国的学术论争最丰富,这是因为美国社会文化具有多元性特点。这种多元性不仅是文化上的一个特点,而且也是地方分权政策的核心论据。英国和芬兰的文献较为相似,两国都采用了中央集权制来推动创业教育。不过,英国拥有国际层面的论据,这是因为同芬兰相比,英国与国际市场的联系更加紧密。而芬兰则新近才加入欧盟,刚刚开始拉近本国商业与国际市场间的距离。尽管图示并没有充分阐述反对性论据,但英国对创业教育的反对呼声最高,这一点可以在本研究之前引用的论据中得到证实。芬兰推行创业教育的目的是使整个国家获益,因此在很大程度上政府起的是主导作用。芬兰的话语图示呈现出各种支持性论据,也存在一些反对性论据。但是由于芬兰典型的文化特征,这些反对性话语在公开探讨中被边缘化了。一个更为复杂的芬兰学术论争视觉图示能够让政策制定者认识到关于这个问题还存在许多不同的看法。另外,英美两国图示中丰富的探讨角度也会给芬兰政策制定者提供各种参考,帮助其认识到在芬兰开展更多公开讨论的必要性。

另外,论据图示还能间接显示出学术论争的参与者。研究中所引用的论据是图示建构的基石上。因为正是在这些论据中,我们才能发现哪些群体参与创业教育现象的探讨,以及哪些群体是他们所探讨的对象。图示本身并不能显示出具体的参与者,这是因为相同的群体对同一问题可能持有不同的论据。例如在英国的图示中,教师群体的论据可以被划分成不同的类别。

在研究过程中,我们发现了两个令人吃惊的研究结果:一是在政策制定上，各国彼此相互借鉴；二是创业教育与全球化间存在着各种联系。从文献中可以看出，许多创业教育领域的政策都是借鉴而来的，这让我感到吃惊。有些审慎的学者将这一现象称为"影响"。芬戈尔德（Finegold，1993，第 4 页）的报告称，从 20 世纪 80 年代到 90 年代初，英、美两国的教育改革发展脉络相同，但并没有直接借鉴过彼此的任何政策。芬兰借鉴的是英国创业教育模式，这已经毫无秘密可言，但英国政府借鉴美国的模式这一事实会让美国的专家都会感到震惊（Finegold，1993，第 5 页）。美国人认为英国拥有成功的教育体制，而他们对本国教育体制的评价却不高。哈尔平和特罗纳（Halpin and Troyna，1995，第 307 页）对一些研究展开了探讨。这些研究试图调查国家间的相互影响是否就是英、美教育政策明显趋同的原因。他们发现，政府间的利益团体或个人关系网可能是引起国家间政策借鉴的源头，只不过在任何采访中，这些相似之处都被解释成了"巧合"。哈尔平和特罗纳（1995，第 307—308 页）还关注了其他一些研究。这些研究的结论是："在很多时候，教育政策在政治中的作用十分重要，它可以为其他相关政策提供保障并帮助其获得进一步的合法性"。以下是我为芬兰政策制定者提供的一条建议：要提高警惕，不能因为模仿某一国家的模式而盲目借鉴该国的政策。哈尔平、特罗纳以及其他一些学者认为：呈现方式有时会比事实更重要；同样，在政策借鉴时，形式比内容更重要。我十分赞同以上观点。另外，我还认为芬兰应该了解世界各国为推动创业教育所做出的努力以及各国所提倡的观点。芬兰应该对此加以分析和总结，这样才能从中获益。本研究用构图的方式呈现出几个关键国家的创业教育实践。虽然属于首次尝试，但全世界各国都正在努力对该问题展开积极的研究和探讨。目前，很多国家（泰国、印度尼西亚、南非、印度和澳大利亚）都在推行创业教育。一些学者甚至笑称，芬兰可能会成为"欧洲的日本"。也许我们应该收起谦逊而想想下面的话：从很大程度上来讲，芬兰是一个单一民族国家，大多数民众都接受过高等教育。芬兰拥有复杂的高新技术行业和能够生产出高质量产品的良好口碑。借助那些不同的观点，我们可以成为更具有创造力的人，甚至有机会能够改变整个国家的文化,使之变得更富有创造性,并且更加积极进取。

芬兰的文献探讨中并没有涉及创业教育同全球化及教育市场化之间的联系(Power and Whitty,1996;Davies and Guppy,1997)。或许人们认为这些问题与芬兰没有直接关系,又或许那些已经在芬兰发现这些问题的人们并不想揭示这种联系。就我个人看来,将创业教育与全球化问题联系起来势必会给芬兰带来一定影响,因为毕竟芬兰一直努力要确保实现教育平等以及社会公平。但是,也许芬兰民众现在应该意识到国内混乱且不稳的现状,大家应该明白我们不能让学校和青少年脱离当今世界所有人所共同面临的挑战。

我阐述了三个国家中高等教育机构的引领作用。当然,这并不是本研究的目的。很明显,无论是研究创业,还是研究创业教育的文献都似乎经常参考这些权威机构的观点,例如美国的百森商学院和贝勒大学,英国的杜伦大学商学院和华威大学。同时,这些机构还负责编写国家的实用教材和资料。由于该问题并不是本研究的重点,因此我并没有特别回顾关于这方面的文献。但是,我在附录3中提供了杜伦大学商学院编撰的教材清单。本研究的结果证实一些芬兰高等教育机构(如瓦萨大学、图尔库经济和工商管理学院)具有主动性和领导力。除了高等教育机构的引领作用外,对芬兰这样的小国来说,将资源集中在某些研究中心也对经济发展大有裨益。

本研究是在社会地图学理论与实践的基础上开展起来的。基于匹兹堡大学开展的社会地图学项目,保罗斯通、利伯曼和古德曼·尼科尔森(Paulston,Liebman and Nicholson-Goodman)出版了一系列著作,这些著作被公认为是社会地图学领域开创性的探索。他们的理论和实践为我的研究奠定了坚实的基础(参见第三章)。《社会地图学》(*Social Cartography*,Paulston,1996b)一书介绍了几个从绘图层面进行对比研究的项目。不过从我之前的研究以及所做的文献综述看来,运用社会地图学研究方法以构图的形式探讨国家政策,本研究尚属首例。因为使用三个包含对比内容的图示来进行国家间的比较，本研究实际上采用的是元制图方法。

本研究表明：在对比多角度探讨的国家文献论争时，社会地图学是一种非常实用的方法，但同时也暴露它的一些缺陷。在阐述方法论的那章中我们探讨过，在进行复杂问题分析时，图示是一种非常有效的视觉工具。另外，采用这种方法进行更加深入的对比研究也是一个非常不错的选择。但在研究方法选择上，我们必须理智地提醒自己绝不能完全依靠图示来进行比较研究。制图法是一种呈现方式，它能够使复杂问题变得简单易懂。本研究曾说过，很多重要问题并不是仅通过图示把文献进行类别划分就能解释清楚的。例如，我们不能仅通过图示就发现英国文献论争中反对性观点的激烈程度，因为在使用以分类为主的现象描述法时，文献数量并不是其呈现的重点。不过，我在图示中使用了大小不同的云状图形来显示各类别论据的数量。我建议如果想进行更加深入的研究，在进行解释和说明时应该将图示与图示中所列出的书面论据结合起来。

本研究运用制图法的一个初衷是希望激励读者可以通过本研究梳理的论据或自己搜集的论据来设计图示。基于我自身的专业知识及先前的研究调查，本研究所展示的图示展示出我对收集到的相关书面文献的理解。当然，从图示中得出的结论并不能代表正确答案或统一规律。但是，这些结论表明人们可以从不同角度对某个特殊现象进行分析。另外，保罗斯通和利伯曼（1996b）认为，运用制图法并不是想要淘汰或贬低其他分析方法，而是希望能够帮助大家全方位地思考问题。社会地图学并不提倡将所有观点综合起来得出结论，而是希望社会各领域的学者一起进行开放性的对话。

因为创业教育的相关文献极其庞杂，人们几乎没办法进行国家间的对比分析。不过，社会地图学为创业教育研究提供了方法。尽管在图示中"entrepreneurship education"和"enterprise education"这两个创业教育术语并未达成一致，但图示有助于说明这两个创业教育概念的不同之处，从而加深我们对某些创业教育现象的理解。本研究翻译了三个国家一些创业教育方面的文本,我希望这可以帮助芬兰进行接下来的创业教育探讨和研究,同时可以激发其他国家研究者对创业教育的研究兴趣。本研究对近 300 个文献进行了分析和解读,我还希望这能够帮助读者了解创业教育中的一些潜在问题。本研究的文献综述十分详实,可以为那些想要进一步研究创业教育问题的学者提供文献基础。

一、研究结论

本研究的主要目的是加强人们对创业教育的理解,同时检测社会地图学方法的有效性。

我从文献中得出的结论是,在理解创业教育的概念时最好要考虑到国家背景。在文献梳理过程中,我发现"entrepreneurship education"(创业教育)更侧重于小企业经营和创立企业,而"enterprise education"(创业教育)则侧重于培养能够应用于所有领域(不仅是商业领域)的创业行为、创业技能和创业特质。

在本研究中,我用制图的方法将不同来源和不同地域的观点呈现给读者。本研究从各国的图示中得出的主要结论是,人们可以利用视觉图示展现出探讨中的各种观点。另外,各国相互借鉴了彼此的政策以及创业教育与全球化之间联系也是本研究得出的结论。我希望各国学者能够对本研究的结论展开进一步的探讨。不过,我建议各国政府不要盲目借鉴彼此的政策。在进行国家间文献对比时,我得出了一个意料之外的结论,即一些高等教育机构的引领作用至关重要。这也许会成为未来研究中一个有趣的论题。

另外,虽然文献中都承认进行国家间的文献对比较为困难,但也并不是完全不能操作的。本研究检验了运用社会地图学研究方法来对比各国的文献,并且证实可以运用这种方法进行视觉图示的比较。换句话说,本研究已经证实图示是分析复杂问题的有效视觉工具,而制图法能够为各国学者提供进一步的对话空间。

二、未来研究建议

本研究的主要目的是加强对创业教育的理解，而运用互文分析法是为了能够在将来就这一课题开展更加深入的讨论和研究。由于有关创业教育的研究并不充分，而人们对创业教育又有着巨大的需求，因此在该领域有很多具有可行性的研究机会。接下来，我将就创业教育领域的研究提出一些建议并拓展本研究的研究结果。

本研究仅涉及书面资料（选择书面资料的原因已经在研究范围部分做过解释）。不过，研究者可以通过在这三个国家进行采访来获得资料，并用同样的方式绘制图示。例如，可以采访不同群体，将受访者的观点分类，找出联系并进行制图。我认为，将采访的结论与本研究的结论进行对比将会是非常有意义的研究。

本研究主要关注的是正规基础教育领域中对创业教育的探讨，即从幼儿园到 12 年级的综合性教育。另一个拓展本研究的建议是可以在非正规教育领域、职业教育或高等教育领域开展创业教育的对比研究。

本研究将来还可以对比英国、美国和芬兰三国的创业教育项目，例如创业教育的不同概念和地方理解差异是如何在具体项目中呈现出来的。

本研究涉及的所有语篇都来自高度工业化的国家。也许对比其他社会类型中创业教育的开展情况也会非常有意义，比如发展中国家、新兴工业化国家或者东欧正处于转型期的国家。

本研究对比了芬兰与其他两个西方国家的文献。鉴于芬兰的地理位置，我建议将芬兰的创业教育与处于东半球的国家进行比较，如波兰和俄罗斯等。

另一个研究主题是对比国家内部和国家间的少数族裔群体的创业活动，探讨如何教授少数族裔进行创业。我们可以根据民族、种族、性别、政治、宗教或其他意识形态将少数族裔群体进行划分。本研究显示，英美两国对少数民族创业展开了大量研究，而芬兰这方面的研究却很少，甚至几乎没有明显的关于萨米人①(Sami)或瑞典裔芬兰人创业等方面的研究。

　　未来研究还有一个有趣的关注点,那就是社会地图学研究方法和借助它制作视觉图示。随着这种研究方法技术的发展,探讨政策时可以从制作二维图示发展到三维图示。本研究将三个国家的图示重叠在一起。当然,如果可以借助颜色和多媒体工具,也许会带来一些新的可能性。另一个研究方向是通过互联网让更多的人参与图示的制作和开发,从而增加图示的交互性。

---

　　①　译者注:萨米人(Sami)是欧洲一个最大的原住民族群,主要分布在芬兰、挪威、瑞典和俄罗斯等国。萨米人有着自己丰富的民族文化,讲七种不同的方言。目前,在挪威仍约有百分之八的萨米人以养殖驯鹿为生。

附录 1

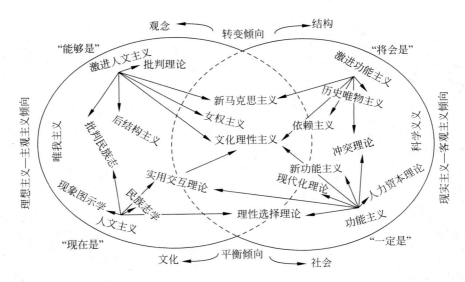

本图是近期教育变化研究中话语共同体的元话语图。这一后现代图示可给所有
知识场域和社会环境下的相关学者提供参考。

附录 2

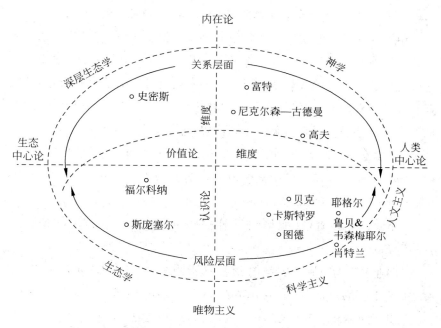

尼科尔森·古德曼(Nicholson-Goodman,1996)所写的《一种别样方法:勾勒环境教育的话语图示》(*A Ludic Approach to Mapping Environmental Education Discourse*)。选自保罗斯通(Paulston R)编著的《社会地图学:用图示法看教育和社会变化》(*Social Cartography:Mapping Ways of Seeing Education and Social Change*. New York:Garland,第 313 页)。

附录 3

杜伦大学商学院(DUBS)教学材料清单

由杜伦大学商学院制定的教学材料涵盖创业教育所有阶段。这些供在校师生使用的教材是由一些在职教师研发的,目的是为教学提供一个积极的方法来满足课程教学的要求。该系列教材鼓励学生尽可能地与企业和社区建立联系,积极参与企业和社区的活动,从而获得学习生活真正的意义。这些教学材料涵盖一系列内容,包括主题式的任务及方法。

《小学创业教育:国家教学大纲指导下的小学创业教育方法》(*Primary Enterprise: A Primary School Approach to Enterprise Education within the National Curriculum*)

《小学创业教育:在职培训手册》(*Primary Enterprise: A Manual for In-Service Training*)

《创业教育家:师生的教与学校本指南》(*Enterprising Education: Helping Teachers to Teach and Children to Learn—a School-based Guide*)

《积极的环境学习》(*Active Environmental Learning*)

《数学中的创业》(*Mathematics—an Enterprising Approach*)(适用于第二阶段教育)

《科学中的创业》(*Science—an Enterprising Approach*)(适用于第二阶段教育)

《技术中的创业》(*Technology—an Enterprising Approach*)(适用于第二阶段教育)

《企业》(*Enterprise*)(适用于 14—19 岁的学生)

《创业教育经验：校本在职培训手册》(*Enterprise Education Experience—a Manual for School-based In-Service Training*)

《技术与创业》(*An Enterprising Approach to Technology*)(适用于第四阶段教育)

《数学与创业》(*An Enterprising Approach to Mathematics*)(适用于第四阶段教育)

《英语与创业》(*An Enterprising Approach to English*)(适用于第四阶段教育)

《历史与创业》(*History—An Enterprising Approach*)(适用于第四阶段教育)

《地理与创业》(*Geography—An Enterprising Approach*)(适用于第四阶段教育)

《携手合作：院校管理指南》(*A Management Guide for School and Colleges*)

《创业与职业教育和技能培训》(*Enterprise in Vocational Education and Training Skills Development*)

《赢在英国：制造业全国通用职业资格高级证书》(*Advanced GNVQ Manufacturing*)(包含核心技能内容的必修材料)

《赢在英国(选修)：制造业全国通用职业资格高级证书》(*Advanced GNVQ in Manufacturing*)

《企业管理教育》(*Management of Enterprise in Education*)

来源：课程协会官方网站(*Curriculum Corporation*,1998)

网址：http://www.curriculum.edu.au

附录 4

芬兰学校开展创业教育的原因：

1. 创造更多工作岗位

2. 政治经济发展需要

3. 职场变化可能要求

● 员工独立工作

● 员工负责制定自己的工作计划

● 减少或撤销一些领导职位

● 设立行政代表职位

● 建立员工基金

● 按业绩表现晋升和发放福利

● 开展商业运作

4. 小型企业数量增加（为达到欧洲中等水平，还需再成立 20,000 家小型企业）

5. 大型企业将扩大规模

6. 公共服务机构私有化

7. 外包现象增多

8. 学校规章制度要求

9. 国务院委员会制定的 1991—1996 年教育政策要求

来源：全国教育委员会（National Board of Education，1993）Yrittäväksi koulussa：kasvatus yrittäjyyteen（Appendixs）

参考文献

Ahonen, E. (1997). Kahdenkymmenen vuoden koultusvääristymä [Twenty years of educational distortion]. *Kauppalehti*, p. 16.

Aldrich, H. E. , & Waldinger, R. (1990). Ethnicity and entrepreneurship. *Annual Review of Sociology*, pp. 111-135.

Aley, J. (1994, October 3). Entrepreneurs and ethnicity. *Fortune*.

Ashmore, C. M. (1990). Entrepreneurship in vocational education. In C. A. Kent (Ed.), *Entrepreneurship Education* (pp. 211-229). Westport, CO: Quorum Books.

Ashmore, C. M. (1991). Entrepreneurship everywhere. *EntrepreNews & Views*.

Ashmore, C. M. (1996). Starting at the top. *Vocational Education Journal*, 71(4), 35-38.

Ball, C. (1989). *Towards an enterprising culture*. Paris: OECD.

Ball, S. J. (1994). *Education reform: A critical and post-structural approach*. Buckingham: OU Press.

Banks, D. (1968). *The sociology of education*. London: Batsford.

Barnes, T. J. , & Duncan, J. S. (Eds.). (1992). *Writing worlds-Discourse, Text and metaphor in the representation of landscape*. London: Routledge.

Barrett, G. A. , & Jones, T. P. (1996). Ethnic minority business: Theoretical discourse in Britain and North America. *Minority Business Enterprises*, 33(4-5), 783-797.

Bereday, G. (1964). *Comparative method in education*. New York: Holt, Rhinehart and Winston.

Berger, B. (Ed.). (1991). *The culture of entrepreneruship*. San Fransisco: ICS Press.

Berman, E. H. (1988). Educational reform in the United States. In E. B. Gumbert (Ed.), *Making the future: politics and educational reform in the United States, England, the Soviet Union, China, and Cuba*. Georgia, AT: Center for Cross-Cultural Education, Georgia State University.

Block, Z. , & Stumpf, S. A. (1992). Entrepreneurship education research: Experience and challenge. In D. L. Sexton & J. D. Kasarda (Eds.), *The state of the art of entrepreneurship* (pp. 17-42). Boston: PWS-Kent.

Bowles, S. , & Gintis, H. (1976). *Schooling in capitalist America : educational reform and the contradictions of economic life*. Boston: Routledge and Kegan Paul.

Boyd, W. , & King, E. J. (1995). *The history of western education*. Lanham, MD: Barnes & Noble Books.

Branham, R. J. (1991). *Debate and critical analysis*. Hillsdale, NJ: Lawrence Erlbaum Associates.

Brochaus, R. (1987). Entrepreneurial folklore. *Journal of Small Business Management* (July), 1-6.

Brokav, L. (1992, January). Head of the class. Inc. *Magazine Online. Available: http://www. inc. com/archives/*01920631. *html*, 63-64.

Brown, P. (1991). Schooling and employment in the United Kingdom. In D. Ashton & G. Lowe (Eds.), *Making their way-education, training and the labour market in Canada and Britain* (pp. 85-108). Buffalo: University of Toronto Press.

Buddy, N. J. , & Nowka, H. E. (1995). Entrepreneurial education in the international arena. *Business Education Forum*, 50(4), 9-10.

Bygrave, W. (1998). Babson College webpage Available: http://www. babson. edu/ entrep/index. html.

Bygrave, W. D. (1994). The entrepreneurial process, *The portable MBA in entrepreneurship* (pp. 1-25). New York: John Wiley & Sons.

Caird, S. (1990). Enterprise education: The need for differentiation. *British Journal of Education and Work*, 4(1), 47-57.

Carmen, R. (1995). Workshop for enterprise management vs. "British" enterprise education: The difference is in the context. *Convergence*, 28(1), 72-88.

Carnoy, M. , & Levin, H. (Eds.). (1976). *The limits of educational reform*. New York: Longman.

CEI. (1998). Centre for Education and Industry website. Available: http://www. warwick. ac. uk/fac/cross_fac/cei/ceidiv. htm.

CELCEE. (1997). Areas of entrepreneurial development, *Edinfo*. Available: http:// www. celcee. edu.

Center for Entrepreneurial Leadership Inc. (1996). *Action report* (Program Guides). Kansas City, MO: Ewing Marion Kauffman Foundation.

Chell, E. , Haworth, J. , & Brearley, S. (1991). *The entrepreneurial personality-*

concepts, *cases and categories*. London: Routledge.

Churchill, N. C. (1992). Research issues in entrepreneurship. In D. L. Sexton & J. D. Kasarda (Eds.), *The state of the art of entrepreneurship* (pp. 579-596). Boston: PWS-Kent.

Clegg, S. , Boreham, P. , & Dow, G. (1986). *Class, politics and the economy*. London: Routledge and Kegan Paul.

Coates, D. (1994). *The question of UK decline: The economy, state and society*. London: Harwester Wheatsheaf.

Coffield, F. (1990). From the decade of the enterprise culture to the decade of the TEC. *British Journal of Education and Work*, 4(1), 68-80.

Cohen, G. (1990). Why you can't keep it all in the family: Lack of succession plans dooms a third of U. S. Businesses to die along with their founders. *U. S. News and World Report*, 109(2), 36-37.

Conover, K. A. (1996). For these girls, inventing isn't just for grownups. *Christian Science Monitor*, 88(3), 86.

Cuban, I. (1990). Reforming again, again, and again. *Educational Researcher*, 19 (1), 3-13.

Curran, J. (1991). Foreword. In R. Burrows(Ed.), *Deciphering the enterprise culture: Entrepreneurship, petty capitalism and the restructuring of Britain*. London: Routledge.

Curran, J. , & Standworth, J. (1989). Education and training for enterprise: Some problems of classification, education and policy research. *International Small Business Journal*, 7(2), 11-12.

Dallalfar, A. (1994, December). Iranian women as immigrant entrepreneurs. *Gender and Society*.

David, M. (1992). Education reform in Britain and in the United States. In R. F. Arnove, P. G. Altbach, & K. P. Gail (Eds.), *Emergent issues in education: comparative perspectives* (pp. 215-228). Abany: SUNY Press.

Davies, S. , & Guppy, N. (1997). Globalization and educational reforms in Anglo-American democracies. *Comparative Education Review*, 41(4), 435-459.

Day, H. , & Willette, J. (1987). *Attitudes and inclinations of minority youth toward business ownership*. Arlington, VA: Development Associates.

Deakin, B. M. (1996). *The youth labour market in Britain: the role of intervention*. Cambridge: Gambridge University Press.

Decade of Entrepreneurship. (1996). Decade of entrepreneurship 1995-2005 in short, *Coordinated National Effort to Advance Entrepreneurship in Finland*. Helsinki: Decade of Entrepreneurship Project Office.

Dolinsky, A. , Caputo, R. , Pasumarty, K. , &. Quasi, H. (1993). The effects of education on business ownership: A longitudinal study of women. *Entrepreneurship: Theory and Practice*, 18(1), 43-53.

Drought, G. , &. Morden, M. (1991). Enterprise education in schools and beyond: A local education authority view. In M. D. Stephens (Ed.), *Education &. Entrepreneurs*(pp. 62-76). Nottingham: The Department of Adult Education, University of Nottingham.

Drucker, P. F. (1984). Our entrepreneurial economy. *Harvard Business Review* (January-February).

Economic Information Bureau, &. The Center of the School Clubs. (1993). *Yrittäen Kasvuun-yrittäjyyskasvatuksen tukiaineisto peruskouluun* [*Growth with entrepreneurship-Support material for entrepreneurial education in comprehensive school*]. Helsinki.

Elliott, B. , &. Maclennan, D. (1994). Education, modernity and neo-conservative school reform in Canada, Britain and the US. *British Journal of Sociology of Education*, 15(2), 165-186.

Fawcett, J. T. , &. Gardner, R. W. (1994). Asian Immigrant entrepreneurs and non-entrepreneurs: A comparative study of recent Korean and Filipino immigrants. *Population and environment*.

Fenn, D. (1994). Are your kids good enough to run you business. *Inc. Magazine online. Available: http://www. inc. com/incmagazine/archives/*08940361. *html*, 36-38.

Finegold, D. , McFarland, L. , &. Richardson, W. (Eds.). (1993). *Something borrowed, something Learned? The transatlantic market in education and training reform*. Washington: The Brookings Institution.

Finnish Gallup. (1996). *Nuorisotutkimus* 1996 [*Finnish young people's attitudes*] (Bulletin). Helsinki: Yrittäjyysvuosikymmen.

Finnish Government. (1995). *Pääministeri Paavo Lipposen hallituksen ohjelma* [*The program of Primeminister Paavo Lipponen's Government*]. Helsinki.

Finnish Labour Market Institute for Economic Research and ECOTEC. (1996). *Labor market studies-Finland*. Brussels: European Commission, Directorate-General for Employment, Industrial Relations and Social Affairs.

Francese, P. (1993). The land of opportunity. *American Demographics*, 15(4), 1-2.

Francis, E. (1991). Making the rhetoric real: Perceptions of enterprise in educational contexts. *British Journal of Education and Work*, 4(2), 21-34.

Freeley, A. J. (1996). *Argumentation and debate-Critical thinking for reasoned de-*

cision making. (9th ed.). Belmont. CA: Wadsworth.

Freire, P. (1970). *Pedagogy of the oppressed*. New York: Herder & Herder.

Gallup Organization and National Center for Research in Economic Education. (1994). *Entrepreneurship and small business in the United States: A survey report on the views of the general public , high school students , and small business owners and managers*. Kansas City, MO: Center for Entrepreneurial Leadership.

Gallup Organization and National Center for Research in Economic Education. (1996). *Entrepreneurship and small business in the United States: A survey report on minority and gender attitudes and opinions among high school youth*. Kansas City, MO: Center for Entrepreneurial Leadership.

Gerry, C. , & Panayiopoulos, P. (1991). Approaching youth and business: Commonwealth Youth Programme.

Gerstner, L. , Semerad, R. D. , Royle, D. P. , & Johnston, W. B. (1994). *Reinventing education: entrepreneurship in America's public schools*. New York: Penguin Groups.

Gibb, A. (1987). Designing effective programmes for encouraging the small business start-up process. *Journal of Education and Industrial Training* , 4(24-32).

Gibb, A. (1990). Entrepreneurship and intrapreneurship-exploring the differences. In R. Donkels & A. Miettinen (Eds.), *New findings and perspectives in entrepreneurship*. Hant: Gower.

Gibb, A. (1993). The enterprise culture and education. *International Small Business Journal*, 11(3), 11-34.

Gibson, A. (1994). Freirean versus enterprise education: The difference is in the business. *Convergence*, 27(1), 46-56.

Gilliar, B. C. (1996). *The rhetoric of (re)unification-Constructing identity through East and West German newspapers*. New York: Peter Lang.

Ginsburg, M. B. , Cooper, S. , Raghu, R. , & Zegarra, H. (1991). Educational reform: social struggle, the state and the world economic system. In M. B. Ginsburg (Ed.), *Understanding educational reform in global context: economy, ideology, and the state* (pp. 3-49). New York: Garland.

Gite, L. , & Baskerville, D. (1990). These kids mean business: Exposing your children to the challenges of entrepreneurship can help foster a new generation of business leaders. *Black enterprise*. 21(5), 48-53.

Gottlieb, E. E. (1987). *Development education: Discourse in relation to paradigms and knowledge*. Unpublished Ph. D. Dissertation, University of Pittsburgh, PA.

Gottlieb, E. E. (1989). The discursive construction of knowledge: The case of radical education discourse. *Qualitative Studies in Education*, 2(2), 131-144.

Green, S., & Prytle, P. (1990). *Black entrepreneurship in America*. New Brunswick: Transactions.

Gumbert, D. E. (1988, April 17). Each year, a million new businesses. *New York Times*.

Guthrie, J. W. (1986). The United States of America: The educational policy consequences of an economically uncertain future. In F. M. Wirt & G. Harman (Eds.), *Education, recessio and the world village: A comparative political economy of education*. London: Falmer Press.

Guthrie, J. W., & Pierce, L. C. (1990). The international economy and national education reform: A comparison of education reforms in the US and GB. *Oxford Review of Education*, 16(2), 179-204.

Hailey, J. (1994). Enterprise education: Small business training. In T. P. Husen, T. N. (Ed.). The international encyclopedia of education (2nd ed., pp. 1985-1991). Oxford: Pergamon Press.

Halls, W. D. (1994). United Kingdom: System of education. In T. Husen & T. N. Postlethwaite (Eds.), *The International Encyclopedia of Education* (2nd ed., pp. 6515-6523). Oxford: Pergamon Press.

Halpin, D., & Troyna, B. (1995). The politics of education policy borrowing. *Comparative Education*, 31(3), 303-310.

Harris, A. (1993). Evaluating enterprise in higher education. *Assessment and Evaluation in Higher Education*, 18(3), 167-175.

Hartman, C. (1989). Business school. Inc. Magazine Online. *Available: http://www.inc.com/archives*/09890521.*html*, 52-58.

Hartoonian, M., & Van Scotter, R. (1996). School-to-work: A model for learning and living. *Phi Delta Kappan*, 77(8), 555-560.

Harty, S. (1994). Pied piper revisited. In D. Bridges & T. H. Mclaughlin (Eds.), *Education and the market place* (pp. 89-102). London: Falmer Press.

Hebert, R., & Link, A. (1988). *The entrepreneur-Mainstream views and radical critiques*. (2nd ed.). New York: Praeger.

Heiskanen, J. (1996, December 18). Miksi yrittäjyyskasvatusta ei saa arvostella? [Why can't enterprise education be criticized?] *keskisuomalainen*.

Herranen, M. (1994). Finland: System of education. In T. Husen & T. N. Postlethwaite (Eds.), *The international encyclopedia of education* (2nd ed., pp. 2317-2324). Oxford: Pergamon Press.

Hextall, I. (1988). Educational changes in England and Wales: The impact of the New Right. In E. B. Gumbert (Ed.), *Making the future: Politics and educa-*

tional reform in the United States, England, the Soviet Union, China, and Cuba. Georgia: Center for Cross-Cultural Education, Georgia State University.

Hietala, K. (1987). *Yrittäjyyden edistäminen: Myyttejä, mielikuvia, asenneilmastoja* [*Myths, perceptions and attitudes in promoting entrepreneurship*]. Helsinki: Yliopistopaino.

Hirsch, D. (1992). *Schools and business: A new partnership*. Paris: Centre for Educational Research and Innovation (CERI)/OECD.

Hirsch, D. (1994, June 30-July 2). *Multinational strategies for school-business partnerships*. Paper presented at the Second International Conference on Education Business Partnership, Paris.

Hirvi, V. (1993). Introduction, *Yrittäväksi koulussa-kasvatus yrittäjyyten* [*To become enterprising in school-Education for entrepreneurship*]. Helsinki: National Board of Education.

Holly, D. (1971). *Society, schools and humanity*. St. Alban: MacGibbon and Kee.

Holmes, B. (1965). *Problems in education: A comparative approach*. London: Routledge and Kegan Paul.

Holmes, B. (1981). *Comparative education: Some considerations of method*. London: George Allen & Unwin.

Hoy, F., Reeves, C., McDougall, P., & Smith, P. (1989). *Transitions and second generation entrepreneurship*. Paper presented at the Babson College Entrepreneurship Research Conference, St. Louis, MO.

Huff, A. S. (1996). Ways of mapping strategic thought. In R. G. Paulston (Ed.), *Social cartography: Mapping ways of seeing social and educational change* (pp. 161-190). New York: Garland.

Huuskonen, V. (1990). Yrittäjäksi ryhtyminen [The process of becoming an entrepreneur]. In V. Huuskonen, S. Lähteenmäki, & A. Paalumäki (Eds.), *Urapäätös ja sen taustatekijät uran eri vaiheissa* [*Career decision process and the background factors in different stages of one's career*](pp. 33-45). Turku: Turku School of Economics and Business Administration. Series A-2: 1990.

Huuskonen, V. (1992). Yrittäjäksi *ryhtyminen: Teoreettinen viitekekehys ja sen koettelu* [*The process of becoming an entrepreneur: A theoretical framework with empirical experiments*]. Unpublished Ph. D. dissertation, Turku School of Economics and Business Administration. Series A-2: 1992, Turku.

Hynes, B. (1996.) Entrepreneurship education and training -introducing entrepreneurship into non-business disciplines. *Journal of European Industrial Training*, 20(8), 10-17.

Iannarelli, C. L. (1992). *The socialization of leaders: A study of gender in family business.* Unpublished Ph. D. Dissertation, University of Pittsburgh, Pittsburgh,PA.

Illich, I. (1971). *De-schooling society.* New York: Harper & Row.

Imel, S. (1989). *Entrepreneurship education : Trends and issues alerts.* Columbus, OH: ERIC Clearinghouse on adult, career, and vocational education. (ERIC No. ED 312 411).

International trade statistics yearbook 1992. (1993). New York: United Nations.

IPN. (1994). Membership pamphlet.

Jacobs, D. L. (1994, July 31). A summer boot camp for budding executives. *New York Times.*

Jamieson, I. (1985). *Industry in education , developments and case studies.* Harlow: Longman.

Jamieson, I. , Miller, A. , & Watts, A. (1988). *Mirrors of work : Work simulations in schools.* London: Falmer Lewes.

Jolkkonen, A. (1995). Tasa-arvosta yrittäjäminään-Hyvinvointivaltion murros ja muuttuva korkeakoulupoliittinen retoriikka [From equality to entrepreneurial self: The crisis of the welfare state and changing policy rhetoric of higher education]. *Kasvatus,* 26(3), 224-233.

Jones, P. (1971). *Comparative education : Purpose and method.* Queensland: University of Queenland Press.

Junior Achievement International. (1994). *Making a world of difference* (pomotional material). Colorado Springs.

Karjalainen, M. (1994). Koulussa opetetaan nyt yrittämistä [Enterpreneurship is now being taught in schools.] *Kotiliesi,* 86-89.

Kauffman Foundation. (1996). *Self-sufficient people in healthy communities : 1996 annual report.* Kansas City, MO: Ewing Marion Kauffman Foundation.

Keeves, J. , & Adams, D. (1994). Comparative methodology in education. In T. Husen & T. N. Postlethwaite (Eds.), *The international encyclopedia of education* (pp. 948-958). Oxford: Pergamon Press.

Kent, C. A. (1982,October). *Entrepreneurship education for women :A research review and agenda.* Paper presented at The Annual Meeting of the Joint Council on Economic Education, Kansas City, MO.

Kent, C. A. (Ed.). (1990a). *Entrepreneurship education.* Westport, CT: Greenwood.

Kent, C. A. (1990b). Integrating entrepreneurship in the secondary curriculum:economics and other courses. In C. A. Kent (Ed.), *Entrepreneurship Education* (pp. 185-197). Westport, CT: Quorum Books.

Kero, M-L. (1994, January 15). Lukiossa voi opisakella yritystaloutta [Entrepreneurship can be studied in high school]. *Turun Sanomat.*

Kilponen, E. (1996, November 27). Yrittäjän mieli jo päiväkodista [Enterprising spirit already from kindergarten.] *Keskisuomalainen.*

King, E. J. (1979). *Other schools and ours.* London: Billing & Sons.

King, S. (1993). Building a national policy. In D. Warwick (Ed.), *The wealth of a nation: Practical partnership between industry and education* (pp. 62-74). London: Brealey.

Kivirauma, J. (1994). Adam Smith ja Wald Disney koulutuspoliitikan neuvonantajina-[Adam Smith and Walt Disney as advisors for educational policy]. *Kasvatus,* 25 (2), 216-219.

Koiranen, M. , & Peltonen, M. (1995). *Yrittäjyyskasvatus-Ajatuksia yrittääjyyteen oppimisesta [Enterprise education-Thoughts of learning entrepreneurship].* Tampere: Konetuumat.

Koiranen, M. , & Pohjansaari, T. (1994). *Sisäinen yrittäjyys: Innovatiivisuuden, laadun ja tuottavuuden perusta [Internal entrepreneurship: The basis for innovativeness, quality and productivity].* Tampere: Konetuumat.

Kosonen, P. (1987). *Hyvinvointivaltion haasteet ja pohjoismaiset mallit [The challenges of the welfare state and the Nordic models].* Mänttä: Vastapaino.

Kourilsky, M. L. (1995). Entrepreneurship education: Opportunity in search of curriculum. *Business Education Forum,* 50(10), 11-15.

Kourilsky, M. , & Carlson, S. R. (1997). Entrepreneurship education for youth : A curricular perspective. In D. L. Sexton & R. W. Smilor (Eds.), *Entrepreneurship* 2000 (pp. 193-213). Chicago, IL: Upstart.

Kourilsky, M. L. , & Esfandiari, M. (1997). Entrepreneurship education and lower socioeconomic black youth: An empirical investigation. *The Urban Review,* 29 (3), 205-215.

Kourilsky, M. L. , & Walstad, W. (1997). Entrepreneurship and female youth: Knowledge, attitudes, gender differences, and educational practices. *Accepted for publication in Journal of Business Venturing.*

Kovalainen, A. (1995). *At the margins of the ecomomy: Women's self-employment in Finland,* 1960-1990. Aldershot: Avebury.

Kruzel, S. , & Chavez, E. (1991). What in the world is going on in Toledo, Ohio? In L. Echternacht (Ed.), *A global look at business education* (pp. 84-92). Reston, VA: National Business Education Association.

Kyrö, P. (1997). *Yrittäjyyden muodot ja tehtävä ajan muutoksissa [The forms and role of entrepreneurship in periods of historical transition].* Unpublished Ph. D.

dissertation, University of Jyväskylä, Jyväskylä.

Lähdeniemi, T. (1993). Finland: Alternative approaches. In D. Warwick (Ed.), *The wealth of a nation: Practical partnerships between industry and education* (pp. 204-208). London: Nicholas Brealey.

Lankard, B. A. (1991). *The vocational education/entrepreneurship match* (ERIC Digest No. 118). Columus, OH: ERIC Clearinghouse on Adult, Career, and Vocational Education. (ERIC No. ED 338 899).

Law, B. (1990). Deconstructing the enterprise culture. *British Journal of Guidance and Councelling*, 18(2), 201-208.

LeCompte, M. D., & Preissle, J. (1993). *Ethnography and qualitative design in educational research*. San Diego: Academic Press.

Levine, M. (Ed.). (1985). *The private sector in the public school-can it improve education*. Washington: American Enterprise Institute for Public Policy.

Liebman, M. W. (1994). *The social mapping rationale: A method and resource to acknowledge postmodern narrative expression*. Unpublished Ph. D. Dissertation, University of Pittsburgh, Pittsburgh, PA.

Liebman, M. W., & Paulston, R. G. (1994). Social cartography: A new methodology for comparative studies. *Compare*, 24(3), 233-245.

Light, I., & Rosenstein, C. (1995). *Race, ethnicity, and entrepreneurship in urban America*. New York: Aldine de Gruyter.

Liukkonen-Forssel, L. (1996, September, 27). Opetuksesta moniotteluvalmennusta [From teaching to complicated coaching]. *Opettaja*, 10-11.

Locke, R. R. (1993). Education and entrepreneurship: An historian's view. In J. Brown & M. B. Rose (Eds.), *Entrepreneurship, networks and modern business* (pp. 55-75). Manchester: Manchester University Press.

Louks, K. (1988). *Training Entrepreneurs for Small Business Creation*. Geneva: ILO.

Luotonen, M. (1997, January 22). Paraisten yläastelaiset ovat varmoja-Opix on opiksi[Students in the Parainen's upper comprehensive school are certain-Opix is for better learning.] *Turun Sanomat*.

Mahlberg, T. (1995). *Team venture as a new teaching and learning method in entrepreneurial education*. Paper presented at the IntEnt95, International Entrepreneurship Conference, Sydney, Australia.

Mann, P. H. (1992). Entrepreneurship and the world of small business. *UMI Information Store* (ERIC No. EJ 443 010).

Mariotti, S. (1995,). Send inner-city kids to business school instead. *The American Enterprise*.

Martin, D. T. (1991). The political economy of school reform in the United States.

In M. B. Ginsbur (Ed.), *Understanding educational reform in global context: economy, ideology, and the state* (pp. 341-367). New York: Garland.

Marton, F. (1988). Phenomenography: exploring different conceptions of reality. In D. Fetterman(ED.), *Qualitative approaches to evaluation in education* (pp. 176-205). New York: Praeger.

Marton, F. (1994). Phenomenography. In T. Husen & T. N. Postlethwaite (Eds.), *The international encyclopedia of education* (pp. 4424-4429). Oxford: Pergamon Press.

Marton, F., & Booth, S. (1997). *Learning and awareness.* Mahwah, NJ: Lawrence Erlbaum Associates.

McClure, M. W. (1990). Adieu Victoria? Reform and critical strategy in the Brimelow-Hickrod debates. *Journal of Education Finance* (15), 534-557.

McGraw, D. (1995). The Christian capitalists. *U. S. News and World Report*, 118 (10), 52-59.

McMullan, E., & Long, W. (1990). *Developing new ventures:* The entrepreneurial-option. Orlando: HBJ.

McMullan, W. E., & Long, W. A. (1987). Entrepreneurship education in the nineties. *Journal of Business Venturing*, 2(3), 261-275.

Mehta, S. N. (1994, November 29). Entrepreneurial spirit enters high schools: Teens see business ownership as shelter from corporate layoffs. The Wall Street Journal, p. B2.

Michelson, R. A. (1996, March). *A critical examination of business leadership of American school reform.* Paper presented at the Comparative and International Education Society Meeting, Williamsburg, VA.

Midwinter, E. (1972). *Projections.* London: Ward Lock Educational.

Miller, H., & Ginsburg, M. B. (1991). Restructuring education and the state in England. In M. B. Ginsburg (Ed.), *Understanding educational reform in global context: Economy, ideology, and the state* (pp. 49-84). New York: Garland.

Ministry of Education. (1992, 14-19. September). *Developments in education* 1990-1992; *Finland.* Paper presented at the forty-third session of the International Conference on Education on the Educational Contribution to Cultural Development, Geneva.

Molnar, A. (1996). *Giving kids the business: The commercialization of America's schools.* Boulder, CO: Westview Press.

National Board of Education(Ed.). (1993). *Yrittäväksi koulussa: kasvatusyrittäjyyteen* [*To become enterprising in school: Education for entrepreneurship*]. Helsinki: National Board of Education.

National Board of Education. (1994). *Peruskoulun opetussuunnitelman perusteet* [*Curriculum framework for the comprehensive school*]. Helsinki.

National Board of Education. (1995). *The education system of Finland* 1994. Helsinki.

National Board of Education (1996). *The enterprise decade project of the National Board of Education*. Helsinki: Unpublished working paper.

National Education Center for Women in Business. (1997). Home page. Available: http://www. necwb. setonhill. edu.

National Foundation of Women Business Owners. (1996). *Women-owned businessesin the United States* (1996 fact sheets). Silver Spring, MD.

National Institute for Work and Learning. (1996). *Critical elements of school-to-work reform*: U. S. Department of Education. Available: http://www. ed. gov/pubs/ SER/SchoolWork/.

NBEA. (1995). *National standards for business education-What America's students should know and be able to do in business*. Reston, VA: National Business Education Association.

Nelson, J. L. , Palonsky, S. B. , & Kenneth, C. (1990). *Critical issues in education*. New York: McGraw Hill.

Nelton, S. (1996). Women-owned firms grow in number and importance. *Nation's Business*, 84(4), 7.

Neuman, D. (1987). *The origin of arithmetic skills: A phenomenographic approach*. Gothenburg: Acta Universitatis Gothoburgensis.

Nicholson-Goodman, J. (1996). A ludic approach to mapping environmental education discourse. In R. G. Paulston (Ed.), *Social cartography: Mapping ways of seeing social and educational change* (pp. 307-326). New York: Garland.

Nicholson-Goodman, J. , & Paulston, R. , G. (1996). Mapping/remapping discourse. In R. G. Paulston, M. Liebman, W. , & J. Nicholson-Goodman (Eds.), *Mapping multiple perspectives: Research reports of the University of Pittsburgh social cartography project*, 1993-1996 (pp. 95-130). Pittsburgh, PA: Department of Administrative and Policy Studies in Education.

Nissilä, M. -L. (1997, February 2). Koulutuksessa tiedostettava-yrittäjyysvie Suomea eteenpäin [It must be acknowledged that entrepreneurship carries Finland forward]. *Opettaja*, 22-23.

Noll, C. L. (1993). Planning curriculum for entrepreneurship education. *Business Education Forum* (February), 3-5.

Novak, M. (1986). Making it in America. In M. M. Stolarik & F. Murray (Eds.), *Making it in America—The role of ethnicity in business enterprise, education, and work choices* (pp. 122-133). Lewisburg, NJ: Bucknell University Press.

Nunan, D. (1993). *Introducing discourse analysis*. London: Benquin Group.

Ojala, A. , & Pihkala, J. (Eds.). (1994). *First steps towards entrepreneurship in schools*. Helsinki: National Board of Education.

Park, N. (1993). *Ways of seeing the phenomenon of higher education expansion through the private sector in South Korea*. Unpublished Ph. D. dissertation, University of Pittsburgh, Pittsburgh, PA.

Paulston, R. G. (1980). The Swede-Finn movement for ethnic separatism in Finland. In R. G. Paulston (Ed.), *Other dreams, other schools : Folk colleges in social and ethnic movements* (pp. 140-154). Pittsburgh, PA: University Center for International Studies, University of Pittsburgh.

Paulston, R. G. (1993). Mapping discourse in comparative education texts. *Compare*, 23(2), 101-114.

Paulston, R. G. (1994). Comparative and international education: Paradigms and theories. In T. Husen & T. N. Postlethwaite (Eds.), *The international encyclopedia of education* (pp. 923-933). Oxford: Pergamon Press.

Paulston, R. G. (1996a). Mapping knowledge perspectives in studies of social and educational change. In R. G. Paulston, M. Liebman, W. , & J. Nicholson-Goodman (Eds), *Mapping multiple perspectives : Research reports of the University of Pittsburgh social cartography project*, 1993-1996 (PP. 1-35). Pittsburgh, PA: Department of Administrative and Policy Studies in Education.

Paulston, R. G. (Ed.). (1996b). *Social cartography : Mapping ways of seeing social and educational change*. New York: Garland.

Paulston, R. G. & Liebman, M. W. (1994). An invitation to postmodern social and cartography. *Comparative Education Review*, 38(2), 215-232.

Paulton, R. G. & Liebman, M. W. (1996a). The promise of a critical postmodern cartography. In R. G. Paulston, M. Liebman, W. , & J. Nicholson-Goodman (Eds.), *Mapping multiple perspectives : Research reports of the University of Pittsburgh social cartography project*, 1993-1996 (pp. 37-64). Pittsburgh, PA: Department of Administrative and Policy Studies in Education.

Paulston, R. G. & Liebman, M. W. (1996b). *Social cartography : A new metaphor/tool for comparative studies*. In R. G. Paulston (Ed.), Social cartography: Mapping ways of seeing social and educational change (pp. 7-28). New York: Garland.

Payne, P. L. (1988). *British entrepreneurship in the nineteenth century*. (2nd ed.). London Macmillan Education.

Peffers, J. (1998). *Policy transfer 'west' to 'east': The case of the enterprise education in Slovakia project*. Unpublished Master's Thesis, forth-coming, University of Warwick, London.

Peltonen, M. (1986). *Yrittäjyys* [*Enterpreneurship*]. Keuruu: Otava.

Peltonen, M. (1987). *Koulutus* 2000 [*Schooling* 2000]. Keuruu: Otava.

Peltonen, M. (1991). *Tuottavuudella tulevaisuuteen* [*Towards future with productivity*]. Tampere: Tammer-Paino.

Pennsylvania Council on Economic Education. (1994). *Entrepreneurship and free enterprise education: Scope and sequence* (Guidelines, K-12). Reading, PA.

Peters, T. (1995). A nation of Wimps. *Forbes*, 155(12), 152-153.

Phillip, M. C. (1995). Entrepreneurship education. *Black Issues in Higher Education* (September 7).

Pinchot, G. (1985). *Intrapreneurship*. New York: Harper & Row.

Poster, C. (1982). *Community education: Its development and management*. London: Heinemann.

Power, S. , & Whitty, G. (1996). *Teaching new subjects? The hidden curriculum of marketised education systems*. Paper presented at the World Congress of Comparative Education, Sydney, Australia.

Reich, R. (1991). *The work of nations: A blueprint for the future*. London: Simon and Schuster.

Reiss, T. J. (1982). *The discourse of modernism*. Ithaca: Cornell University Press.

Research Dimension Inc. (1996). *Preparing tomorrow's entrepreneurs today: The status of youth entrepreneurship education in America* (Research report): Seton Hill College, The National Education Center for Women in Business.

Ricoer, P. (1971) The model of the text: meaningful action considered as a text. *Social Research* (38), 529-562.

Rinne, R. , & Kivinen, O. (1997, March 19-23). *European Union policy and Nordic ideal of educational equality*. Paper presenter at the 41st Annual Meeting of the Comparative and International Education Society, Mexico City.

Ristimäki, K. , & Vesalainen, J. (1997). *Arvioiva kartoitus suomalaisesta yrittäjyyskasvatusmateriaalista* [*Evaluative reviewing of Finnish teaching material on entrepreneurship*]. Vaasa: University of Vaasa.

Ritchie, J. (1991). Chasing shadows: Enterprise culture as educational phenomenon. *Journal of Educational Policy*, 6(3), 315-325.

Ronstadt, R. (1984). *Entrepreneurship, text, cases and notes*. Dover, MA: Lord.

Ronstadt, R. (1990). The educated entrepreneurs: A new era of entrepreneurial education is beginning. In C. A. Kent (Ed.), *Entrepreneurship education* (pp. 69-88). Westport, CO: Quorum Books.

Ronstadt, R. , Plaschka, G. R. , & Welsch, H. P. (1990). Emerging structures in entrepreneurship education: Curricular designs and strategies. *Entrepreneurship: Theory and Practice*, 14(3), 55-71.

Rushing, F. (1990). *Entrepreneurship and Education*. In C. Kent, A. (Ed.), Entrepreneurship education(pp. 153-162). Wesport, CT: Green-wood.

Rust, V. D. (1996). From modern to postmodern ways of seeing postmodern change. In R. G. Paulston (Ed.), *Social cartography: Mapping ways of seeing social and educational change*(pp. 29-52). New York: Garland.

Sahagun, L. (1984, July 1). Latino entrepreneurs move into mainstream: Use education, experience to expand to non-ethic fields. *Los Angeles Times*.

Samson, K. J. (1994). Teaching environmental entrepreneurship. *UMI Information Store* (ERIC No. EJ 500 171).

Sanchirico, A. (1991). The importance of small-business ownership in Chinese American educational achievement. *UMI Information Store* (ERIC No. EJ 422 186).

Saranson, O. (1994). Hispanic women small business owners. *Hispanic Journal of Behavioral Science*, 16(3), 3555-3559.

Saunders, P., & Gilliard, J. (Eds.). (1995). *A framework for teaching basic economic concepts*. New York: Economics America, National Council on Economic Education.

Scahill, E. M. (1993). "Taking Charge"-test results from a high school economics/entrepreneurship program. *The Journal of Private Enterprise*, 9(1), 168-181.

Scarman, L. (1986). *The Brixton disorders* 10-12 *April*, 1981(Cmnd 8427). London: HMSO.

Schumpeter, J. A. (1934). *The theory of economic development*. Cambridge, MA: Harvard.

Scott, M. F., & Twomey, D. F. (1988). The long term supply of entrepreneurs: Students' career aspirations in relation to entrepreneurship. *Journal of Small Business Management*, 26(4), 5-13.

Selz, M. (1996, December 13). Entrepreneurship in U. S. is taking off. *The Wall Street Journal*, pp. B 11.

Seppi, J. R. (1996). Spatial analysis in social cartography. In R. G. Paulston (Ed.), *Social cartography: mapping ways of seeing social and educational change*(pp. 121-139). New York: Garland.

Sexton, D. L., & Bowman-Upton, N. (1987). Evaluation of an innovative approach to teaching entrepreneurship. *Journal of Small Business Management*, 25(1), 35-43.

Shickler, S. J. (1997). *Preparing America's youth for economic success*: Educational Designs that Generate Excellence, Inc. Available: http//www. ltbn. com/ edge/edgeart1. html.

Sims, G. (1991). Entrepreneurialism and the universities. In M. D. Stephens (Ed.), *Education and entrepreneurs* (pp. 98-144). Nottingham: The Department of Adult Education, University of Nottingham.

Society of Education Officers. (1983). *Key issues for industry and education* (Occational Paper 3). London.

Spring, J. (1980). *Educating the worker-citizen: the social, economic, and political foundations of education*. New York: Longman.

Spring, J. (1994). *Wheels in the head: educational philosophies of authority, freedom, and culture from Socrates to Paulo Freire*. New York: McGraw-Hill.

Stephens, M. D. (1991). Entrepreneurs. In M. D. Stephens (Ed.), *Education and entrepreneurs* (pp. 9-23). Nottingham: The Department of Adult Education, University of Nottingham.

Stolarik, M. M. , & Friedman, M. (Eds.). (1986). *Making it in America: The role of ethnicity in business enterprise, education, and work choices*, Lewisburg, NJ: Bucknell University Press.

Stronach, I. (1990). The rituals recovery: UK education and economic revival in the 70s and 80s. *Anthropology Today*, 6(6), 4-8.

Sudhir, V. (1994). Getting ahead: Social mobility among the urban poor. *Sociological Perspectives* (37), 159-182.

Suokas, P. (1990). *Nuoret ja yrittäjyys* [*Young people and entrepreneurship*] Helsinki School of Economics and Business Administration. Series M-44, Mikkeli.

Suomen Tietotoimisto. (1997, February 4). Ahtisaari kovisteli verohallintoa-Presidentti huolissaan yrittäjien kohtelusta [Ahtisaari puts pressure on the tax administration-The president was concernd of the way entrepreneurs are treated]. *Salon Seudun Sanomat. Available in http://www. sss. fi/ko/STTT113802. HTM.*

Taylor, R. (1989). Principles to grow by. *Nation's Business* (July).

Tempest, C. (1997, April 29). Entrepreneurial women in the United States. *CELCEE Digest, Available: http://www. celcee. edu/digest/Dig97-2. html.*

Theman, J. (1983). *Uppfattningar av politisk makt* [*Understandings of political power*]. Gothenburg: Acta Universitatis Gothoburgensis.

Thomas, H. (1986). The United Kingdom, its political economy of education. In F. M. Wirt & G. Harman (Eds.), *Recession and the world village: A comparative political economy of education*. London: Falmer Press.

Timmons, J. (1990). *New venture creation: Entrepreneurship in the 1990s.* (3rd ed.). Boston: Irwin.

Timmons, J. (1994). Opportunity recognition: The rearch for higher potential ventures, *Portable MBA in entrepreneurship*. New York: John Wiley & Sons.

Timmons, J. (1995). *New venture creation*. (4th ed.). Boston: Irwin.

Toivonen, E. (1994). *Pidä koulu siistinä: yrittäjyyskasvatusta ala-asteella [Keep the school clean: Enterprise education in the elementary school]*. Helsinki: Taloudellinen tiedotustoimisto.

Tuohinen, P. (1995, March 14). Muuramelaisnuoret odottavat uuden yrittäjälukion antavan eväitä maailmalle [Young people in Muurame expect the entrepreneurship high school to give advice for life]. *Keskisuomalainen*.

Ungoed-Thomas, J. (1972). The school as a community. *Youth Series*, 12(2), 5-7.

United Nations. (1993). *International trade statistics yearbook* 1992. New York: United Nations.

Valverde, G. A. (1994). United States: System of education. In T. Husen & T. N. Postlethwaite (Eds.), *The international encyclopedia of education* (2nd ed., pp. 6538-6547). Oxford: Pergamon Press.

Vesper, K. (1990). *Summary of entrepreneurship education survey*. Seattle, WA: Department of Management and Organization, University of Washington.

Vuoria, M. (1996, September 16). *Yrittäyyden merkitys selväksi [Clarification for the concept of entrepreneurship]*. Paper presented at the one day seminar for policymakers and business leaders in the Finnish Parliament titled Happea Yrittäjyydelle-Yrittäjyyden merkitys talouskavulle [Fuel to Entrepreneurship-Role of Entrepreneurship for Economic Development], Helsinki.

Walstad, W. B., & Kourilsky, M. L. (1997). *Entrepreneurial attitudes and knowledge of black youth* (prepublication). Missiouri, KA: Center for Entrepreneurship Leadership.

Ward, C., & Fyson, A. (1973). *Streetwork: The expoding school*. London: Routledge and Kegan Paul.

Ward, R., & Reeves, F. (1980). *West Indians in business in Britain*. London: HMSO.

Warwick, D. (Ed.). (1993). *The wealth of a nation: Practical partnership between industry and education*. London: Brealey.

Watts, A. G. (1983). *Education, unemployment and the future of work*. Milton Keynes: Open University Press.

Watts, A. G. (1984). Education for enterprise: The concept and the context. In A. G. Watts & P. Moran (Eds.), *Education for enterprise* (pp. 3-6). Cambridge: CRAC/Hobson.

Watts, H. D. (1987). *Industrial geography*. Harlow, Essex: Longman Scientific.

Weir, D. (1986). *Reflections on the conference*. Paper presented at the CRAC/ NICEC, Cambridge.

Weitzen, H. S. (1988). *Infopreneurs: Turning data into dollars*. New York: Wiley.

Wilken, P. H. (1979). *Entrepreneurship: A comparative and historical study*. New Jersey: Ablex.

Williams, E. (1981). Innovation, entrepreneurship and brain functioning. In K. Vesper (Ed.), *Frontiers of entrepreneurship research* (pp. 516-536). Wellesley, MA: Babson College, Center for Entrepreneurial Studies.

Worthington, R. M. (1984, Sept. 5). *Critical issues surrounding entrepreneurship education—present, past, future—A federal perspective*. Paper presented at the National Entrepreneurship Forum, Columbus, OH. (ERIC No. ED 251 612).

Young Enterprise. (1998). Young Enterprise website. Available: http://www. nettec. co. uk/youngenterprise/index. html.

Yrittäjyysvuosikymmen. (1996, September 16). *Happea yrittäjyydelle: Yrittäjyyden merkitys talouskasvulle* [*Fuel to entrepreneurship: The role of entrepreneurship for economic development*], one day seminar for policymakers and business leaders in the Finnish Parliament, Helsinki.

Ödman, P-J., & Kerdeman, D. (1994). Hermeneutics. In T. Husen & T. N. Postlethwaite (Eds.), *The international encyclopedia of education* (pp. 2579-2586). Oxford: Pergamon Press.

译后记

　　创业伴随着人的一生,创业的触角遍及生活的每一个角落。追寻古今中外成功创业者的足迹,我们不难发现,卓越的创业素质是奠定其人生辉煌的基石。"创业遗传代码"的提出者杰弗里·蒂蒙斯曾说:"在过去的30年里,美国已经培养出了自 1776 年建国以来最具革命性的一代人。新一代的企业家彻底改变了美国和世界的经济和社会结构,并为未来的几代人设定了'创业遗传代码'。它将比其他任何一种推动力量更能决定美国和整个世界的生活、工作和学习方式,并将继续成为下一世纪或几世纪的领导力量。"

　　创业教育被联合国教科文组织称为教育的"第三本护照",被赋予了与学术教育、职业教育同等重要的地位。创业教育是使受教育者能够在社会经济、文化、政治领域内进行行为创新、开辟或拓展新的发展空间,并为他人和社会提供机遇的探索性行为的教育活动。根据《创业教育在中国:试点与实践》研究报告我们可以看出,"创业教育是一种新的教育观念,在高等学校中开展创业教育是知识经济时代培养学生创新精神和创造能力的需要,是社会和经济结构调整时期人才需求变化的需要"。

　　然而在我国,由于受到社会文化传统的影响,当前中国 70% 以上的高校学生毕业时的首选仍然是就业和继续深造。清华大学创业中心的一项调查报告显示,我国大学生创业比例不到毕业生总数的 1%。事实充分说明传统的"象牙塔"式的教育,已经不能适应当今时代的需要。教育同经济、科技、社会实践越来越紧密的结合,正在成为推动科技进步和经济、社会发展的重要力量。而通过教育培养创新型国家建设所需的创新型人才已经成为全社会的普遍共识。在知识经济时代，标志一个国家国际竞争力的将是其创造力，而确定一个国家整体创造力大小的是其创新人才的数量、质量与结构。因此，高等教育必须转变办学理念，确立创业型人才培养的教育理念，把培养学生的创业技能和创业精神作为高等教育的基本目标，将被动的就业观转变为主动的创业观，培养的学生既要有从业的本领，也要有创业的意识与能力。我们深知，经受了创业教育培养的毕业生其主动性和创新精神都会得到提高，这对于他们成功就业并在就业岗位上获得健康的发展奠定了基础；同时，经过创业精神的洗礼，我们已经在毕业生的心中种下了创业的种子，在他们就业几年之后，遇到了合适的创业机会，这颗创业的火种就会燃烧起来，以使一部分毕业生"经由就业走向创业"。而和其他国家相比，我国的创业教育与培训的发展远不能满足社会的需求，与此相一致的是高校的创业教育也没能满足大学生强烈的创业意愿及其对创业技能培养的需求。为此，我们迫切需要高校提供更多更好的创业教育与培训，探索和研究创业教育与其他学科的交叉与融合。

《创业教育：美国、英国和芬兰的论争》一书（"Entrepreneurial Education：Mapping the Debates in the United States，the United Kingdom and Finland"）由加兰出版公司于 2000 年正式出版。本书是从事创业教育研究的学者必读作品之一。作者采用对比分析的方法对美国、英国和芬兰三国现存的关于创业教育的文本进行了深入细致的研究。本书逻辑构架清晰明了，采用了论据分析、社会制图和社会现象描述等一系列研究方法，全方位地探讨了美国、英国和芬兰三国在创业教育上的异同点，为读者提供了客观的描述和有价值的分析。

本书作者克里斯汀娜·埃尔基莱（Kristiina Erkkilä），毕业于匹兹堡大学教育政策与管理专业，博士学历。该作者的主要研究领域为教育政策与管理以及创业教育的理论与实践，现任芬兰艾斯堡市教育和文化事务发展主任、女性银行开发小组成员、"我和我的城市"项目顾问委员会成员、教师无国界组织成员及阿尔托社会创新训练营项目成员。克里斯汀娜·埃尔基莱历任米凯利应用科技大学国际中心主任，并于 2012 年访问中国东华大学。

在此，我们要特别感谢东北师范大学思想政治教育研究中心杨晓慧教授和王占仁教授，他们的指导、鼓励与信任，给了我们机会和勇气去完成本书的翻译工作。此外，我们要特别感谢东北师范大学学生处的张靖宁、曾艳、李思逸和赵兴野四位老师，他们为本书的翻译工作得以顺利进行付出了很多努力。同时，感谢《创业教育译丛》团队的吴瑕和武晓哲两位老师，她们和我们进行了无数次翻译研讨和校对，为本书翻译工作的完成奠定了坚实的基础。另外，我们还要感谢东北师范大学外国语学院的学生王爽、王瑞琪和陆慧韬，她们为本书的翻译做了很多工作，为保证如期交稿做出了重要贡献。最后，要特别感谢商务印书馆的编辑们在审校过程中给予的专业意见和帮助，他们严谨的工作态度和良好的专业素养使我们受益匪浅且深受感动。

本书的翻译工作虽已完成，但由于我们的水平有限，书中一定存在疏漏之处，敬请读者原谅并不吝赐教，我们将感激不尽！

汪溢　常飒飒

图书在版编目(CIP)数据

创业教育:美国、英国和芬兰的论争/(芬)克里斯汀娜·埃尔基莱著;汪溢,常飒飒译. —北京:商务印书馆,2017

(创新创业教育译丛)

ISBN 978 - 7 - 100 - 14361 - 5

Ⅰ.①创⋯　Ⅱ.①克⋯ ②汪⋯ ③常⋯　Ⅲ.①创造教育—对比研究—美国、英国、芬兰　Ⅳ.①G40-012

中国版本图书馆 CIP 数据核字(2017)第 146650 号

创新创业教育译丛

杨晓慧 王占仁　主编

创业教育:美国、英国和芬兰的论争

〔芬〕克里斯汀娜·埃尔基莱　著

汪　溢 常飒飒　译

王占仁 武晓哲　校

商 务 印 书 馆 出 版
(北京王府井大街 36 号　邮政编码 100710)
商 务 印 书 馆 发 行
北 京 冠 中 印 刷 厂 印 刷
ISBN 978 - 7 - 100 - 14361 - 5

2017 年 10 月第 1 版　　　开本 787×960　1/16
2017 年 10 月北京第 1 次印刷　印张 14¼
定价:36.00 元